MES
CONVERSATIONS
AVEC LES
ANGES

MES CONVERSATIONS AVEC LES ANGES

Judith Marshall

Traduit de l'anglais par
Jo-Ann Dussault

A-D-A
éditions

Éditeur : François Doucet

Traduction : Jo-Ann Dussault

Révision linguistique : L. Lespinay

Correction d'épreuves : Nancy Coulombe, Carine Paradis

Conception de la couverture : Matthieu Fortin

Photo de la couverture : © Thinkstock

Mise en pages : Sébastien Michaud

ISBN papier 978-2-89752-190-5

ISBN PDF numérique 978-2-89752-191-2

ISBN ePub 978-2-89752-192-9

Première impression : 2014

Dépôt légal : 2014

Bibliothèque et Archives nationales du Québec

Bibliothèque Nationale du Canada

Éditions AdA Inc.

1385, boul. Lionel-Boulet

Varennes, Québec, Canada, J3X 1P7

Téléphone : 450-929-0296

Télécopieur : 450-929-0220

www.ada-inc.com

info@ada-inc.com

Diffusion

Canada :	Éditions AdA Inc.
France :	D.G. Diffusion
	Z.I. des Bogues
	31750 Escalquens — France
	Téléphone : 05.61.00.09.99
Suisse :	Transat — 23.42.77.40
Belgique :	D.G. Diffusion — 05.61.00.09.99

Imprimé au Canada

Participation de la SODEC. SODEC

Nous reconnaissons l'aide financière du gouvernement du Canada par l'entremise du Fonds du livre du Canada (FLC) pour nos activités d'édition.

Gouvernement du Québec — Programme de crédit d'impôt pour l'édition de livres — Gestion SODEC.

Catalogage avant publication de Bibliothèque et Archives nationales du Québec et Bibliothèque et Archives Canada

Marshall, Judith, 1968-

[My conversations with angels. Français]

Mes conversations avec les anges : moments inspirants passés auprès de gardiens spirituels

Traduction de : My conversations with angels.

ISBN 978-2-89752-190-5

1. Esprits - Miscellanées. 2. Anges - Miscellanées. I. Titre. II. Titre : My conversations with angels. Français.

BF1999.M3714 2014   202'.15   C2014-941867-1

Table des matières

INTRODUCTION

Les anges sont parmi nous. Leur population est beaucoup plus grande que la nôtre, et il y en a présentement un auprès de vous. Il n'y a pas d'exceptions. En fait, il est fort possible qu'un ange vous ait guidé vers ce livre afin que vous puissiez en apprendre davantage sur la pléthore d'êtres spirituels qui se trouvent parmi nous et que vous les laissiez travailler avec vous quotidiennement.

Je ne suis pas en train de vous raconter des sornettes. Je sais d'expérience que les anges, les gardiens et les guides — peu importe l'apparence qu'ils adoptent — sont réels. Même si je ne suis pas une voyante ou une médium professionnelle, j'en ai reçu la confirmation à de multiples reprises de la part de médiums professionnels et d'autres individus dotés de dons médiumniques. Je ne suis qu'une personne ordinaire, mais grâce à mon cœur et à mon esprit ouverts, j'ai pu communiquer avec les anges. Tout le monde peut faire de même.

À 16 ans, j'ai vécu une chose incroyable, mais dans des circonstances tout à fait banales. Une de mes enseignantes m'avait autorisée à quitter la classe, alors j'avais traversé le corridor désert et je m'étais dirigée vers l'escalier. Parvenue presque en haut de l'escalier, j'ai trébuché et j'ai commencé à tomber à la renverse.

Soudain, j'ai senti une force dans mon dos me ramener à la verticale. J'en ai eu le souffle coupé et lorsque j'ai repris pied, je me suis retournée pour voir qui m'avait sauvée.

J'étais seule dans l'escalier.

Une décennie plus tard, je suis rentrée un soir du travail en marchant précipitamment sur le trottoir glissant qui était recouvert d'une neige fondante. Comme j'étais concentrée sur les sacs encombrants que je tenais dans mes mains, je n'ai pas vu la plaque de glace. Mon talon a glissé et j'ai commencé à tomber à la renverse. De l'autre côté de la rue, une piétonne a crié. Nous savions toutes les deux que j'allais me blesser gravement en raison de l'angle dans lequel mon dos se trouvait par rapport au trottoir.

En un éclair, j'ai été soulevée dans les airs et remise en position verticale, puis j'ai été déposée sur le trottoir. J'ai figé sur place, ébahie du miracle qui venait de se produire. Puis, j'ai fixé droit dans les yeux la femme de l'autre côté de la rue. Elle me regardait bouche bée, car elle avait eu un meilleur aperçu de ce qui venait de se produire. Je l'avais seulement senti.

J'ai esquissé un sourire embarrassé. Elle a poussé un soupir et elle a retiré sa main qu'elle avait pressée sur sa poitrine. «Dieu merci!» s'est-elle exclamée.

Exactement ce que je pensais.

Je crois que les anges m'ont sauvée à ces deux occasions.

Des années plus tard, mon mari et moi avons eu le bonheur d'avoir des jumeaux identiques. Dès leur plus jeune âge, ils ont fait preuve d'une sensibilité médiumnique et parlaient souvent des anges et d'autres esprits qu'ils détectaient dans la maison, dans la cour, dans la voiture, dans les parcs d'attractions et même au supermarché.

Comme la plupart des enfants, ils ont plus d'une fois été confrontés au danger. Les parents savent de quoi je parle : ces moments terrifiants où, malgré tous vos efforts, vos enfants tombent d'un escalier, se cognent la tête sur le pavé ou coulent au fond de la piscine lors de leur premier cours de natation qui est censé être supervisé. Après avoir vécu différentes expériences semblables, mes enfants ont décrit les êtres de lumière « volants » qui étaient apparus instantanément pour les sauver.

Les témoins et le médecin à l'urgence ont qualifié de miracle un de ces épisodes. Juste avant qu'il se produise, j'ai eu une prémonition et j'ai demandé aux anges d'entourer mes garçons d'un coussin d'amour qui les protégerait. Après le drame, une question brûlante m'est venue à l'esprit : les anges étaient-ils intervenus parce que j'avais fait appel à eux ou parce qu'ils étaient tout simplement fidèles à leur poste ?

Vous avez peut-être eu des questions semblables, que ce soit par curiosité naturelle ou parce que vous avez vécu des moments clés qui vous ont amené à vous questionner : une intuition qui s'est avérée exacte, un calme étrange qui vous a envahi durant une crise, une « coïncidence » de trop ou un doute que vous n'étiez pas seul, même si vous étiez la seule personne dans la pièce ! De telles rencontres nous font réfléchir sur la nature du monde des esprits et la façon dont il fonctionne.

La guidance, la protection et l'inspiration sont de réelles bénédictions, et qui parmi nous les refuserait? La vie est déjà difficile si en plus nous ignorons le réseau divin qui rayonne en nous et autour de nous. Socrate, Jésus, Mahomet, Georg Friedrich Händel, George Washington, William Blake, Ralph Waldo Emerson, Nikola Tesla, Ernest Shackleton, Carl Jung, J. R. R. Tolkien et Charles Lindbergh ont vécu certaines de ces expériences les plus connues, mais le soutien « surnaturel » est offert à tous.

Les opinions divergent, selon les croyances culturelles ou religieuses, les recherches, l'intuition ou l'expérience personnelle, mais personne ne détient un monopole de la vérité. Il y a toujours plus de choses à apprendre et nous devrions être curieux! Comme le philosophe français Pierre Teilhard de Chardin a dit : « Nous ne sommes pas des êtres humains vivant une expérience spirituelle. Nous sommes des êtres spirituels vivant une expérience humaine. »

Nous devrions au moins explorer le sujet. Et au mieux, nous devrions garder l'esprit ouvert, effacer certains points d'interrogation et développer une collaboration avec ces êtres bienveillants connus en tant qu'anges, anges gardiens et guides.

1

Les anges : leur histoire et leur hiérarchie

Les anges sont les pensées aimantes de Dieu qui ont pris forme. Si l'expression « Dieu » vous rend mal à l'aise, n'hésitez pas à la remplacer par le terme qui vous convient : Intelligence universelle, Grand esprit, Dieu/Déesse, Créateur, Être suprême, Tout ce qui est, la Source, Ein Sof (Être infini), etc. Les anges possèdent aussi différents noms, mais ce sont essentiellement des êtres composés de lumière, d'amour et d'intelligence qui protègent l'équilibre de l'univers.

Sur le plan linguistique, le mot « ange » vient du latin *angelus*, emprunté au grec *angelos*, qui signifie « messager ». Il est également lié au mot perse ancien *angaros* (un coursier) et au mot sanskrit *angiras*, un être lumineux qui sert de médiateur entre les êtres humains et le monde des dieux. Le concept des messagers divins — des intermédiaires surnaturels — est présent dans de nombreuses cultures, mais la notion d'angéologie revient à un prophète perse nommé Zarathoustra, alias Zoroastre.

Bien que les érudits l'acceptent comme un véritable personnage historique, ils ne s'entendent pas sur l'époque où il a vécu. Les estimations varient entre le XVIIIe et le VIe siècle avant notre ère ! Peu importe cet immense écart dans le temps, Zarathoustra a développé une cosmologie détaillée qui a directement influencé la notion judaïque des êtres angéliques, qui s'est ensuite répandue dans l'angéologie chrétienne. Comme Joseph Campbell l'a indiqué dans *Le héros aux mille et un visages*, « la croyance perse fut réorganisée par le prophète Zarathoustra (Zoroastre) suivant un strict dualisme des principes de bien et de mal, de la lumière et des ténèbres, des anges et des démons. Cette crise affecta profondément non seulement les Perses mais aussi les croyances des Hébreux qui étaient leurs sujets et, par là (des siècles plus tard), le christianisme. » Les traditions hébraïques et chrétiennes ont ensuite influencé la perception islamique des anges.

Aussi influant que le zoroastrisme soit devenu, c'était tout de même une jeune religion par rapport aux traditions spirituelles de l'Égypte antique, sans mentionner celles de la culture sumérienne qui s'est répandue au Moyen-Orient vers 3000 ans av. J.-C. Et peu importe où vous regardez, les créatures ailées abondent dans les récits et les représentations visuelles.

Mais voilà le problème : est-ce que les ailes représentent un véritable attribut physique ou simplement une habileté divine ? Après tout, on disait que ces êtres descendaient (et remontaient) du ciel ou du « paradis », c'est-à-dire des dimensions supérieures.

Les théories des anciens astronautes suggèrent qu'ils voyageaient dans des vaisseaux spatiaux. Beaucoup croient que les anges connus comme étant les Surveillants — les *grigori* mentionnés dans les livres de Daniel, d'Hénoch et des Jubilés, et les *igigi*, « ceux qui surveillent et observent », mentionnés dans les contes sumériens anciens — n'étaient pas des anges mais des extraterrestres ou des ultraterrestres (des êtres non humains et interdimensionnels, indigènes de la Terre), dont les actions ont inspiré bon nombre de mythologies et d'interprétations erronées des premiers textes religieux. La recherche sur le sujet est fascinante et certaines de ces théories valent la peine de s'y attarder.

Même si tout ceci est vrai, l'univers possède également une dimension spirituelle. L'humanité a essayé d'interpréter cette dimension et cela a donné lieu à différentes religions, dont trois se sont répandues comme une traînée de poudre sur la planète. L'angéologie judaïque, chrétienne et islamique a inévitablement formé les perceptions des masses. Examinons les traditions de ces trois religions.

Le judaïsme

La mythologie perse ancienne considérait les griffons — des créatures ailées représentées sous diverses formes — comme des gardiens de lumière bienveillants. Dans l'art perse, babylonien et assyrien, ils étaient les symboles de la divinité et de la sagesse. Quand les Juifs ont découvert ces symboles durant leur exil à Babylone, ils en ont été fascinés.

Comme Richard Webster le note dans *Prier avec les anges* : « les juifs aimaient tant le griffon qu'ils l'ont adopté et en ont fait leur premier ange. Dans le *Livre de L'Exode*, les chérubins étaient postés à l'est de l'Éden après l'expulsion d'Adam et Ève, afin de s'assurer que personne n'y entre ».

Dans la Genèse, l'ange (en hébreu, *mal'akh*, messager) qui s'est battu avec Jacob était de forme humaine, tout comme les trois anges qui ont visité Abraham dans la plaine de Mambré, mais des prophètes tels qu'Ézéchiel et Isaïe ont souligné la nature spirituelle des anges. Au IIIᵉ siècle avant notre ère, le judaïsme considérait les anges comme des esprits qui apparaissaient aux êtres humains. Beaucoup plus tard, le philosophe juif du XIIᵉ siècle, Maïmonide, décrit les anges comme des êtres créés, « des Intelligences séparées, absolument incorporelles qui toutes sont émanées de Dieu et qui sont les intermédiaires entre Dieu et tous ces corps (célestes) ».

Les hôtes célestes du judaïsme informaient les hommes de la volonté de Dieu, disciplinaient les malfaiteurs et défendaient les fidèles contre les forces du mal. Parlant du mal, veuillez noter que le mot « satan » n'a jamais été un mot qui faisait référence à un ennemi juré de Dieu ; dans les textes anciens, l'expression juive *ha-satan* signifiait simplement « l'adversaire ». Dans *Guides, gardiens et anges*, D. J. Conway souligne ce fait et indique que tout adversaire, allant du voisin grincheux à l'adversaire enragé, pourrait être qualité de *ha-satan*.

Dans *L'origine de Satan*, Elaine Pagels fait parfois référence aux textes hébreux qui font la mention de « Satan », comme le livre des Nombres et le livre de Job. Le terme décrit clairement l'un ou l'autre des nombreux anges que

Dieu envoie pour contrecarrer ou surveiller les actions des êtres humains quand c'est nécessaire. Et pourtant ce messager n'est pas malicieux ; il ne fait qu'accomplir son travail.

Le mal n'était pas un personnage mais un penchant personnel. Le Talmud, un immense recueil de la loi, de la philosophie et des traditions juives, expliquait la dualité de la nature humaine comme étant caractérisée par deux « anges » — *yetzer ha-ra* (« le mauvais penchant ») et *yetzer ha-tov* (« le bon penchant ») — qui pénétraient dans chaque individu après sa naissance. Le positif équilibrait le négatif. Situé entre les deux, l'être humain pouvait se rapprocher de son créateur par le pouvoir de choisir, c'est-à-dire le libre arbitre.

Malgré cela, de nombreux Juifs portaient des talismans ou des amulettes pour éloigner les démons et les esprits négatifs. Le *kimiyah* (« texte des anges ») était une de ces amulettes. Les scribes rabbiniques écrivaient des mots sacrés, comme le nom des anges ou des extraits de la Torah — les cinq livres de Moïse : la Genèse, l'Exode, le Lévitique, les Nombres et le Deutéronome — sur un parchemin qu'ils inséraient dans un étui en argent ou en cuir et qu'ils portaient sur leur corps.

Le christianisme

Comme on pourrait s'y attendre, la vision chrétienne des anges repose sur celle du judaïsme. Les anges se tenaient près du trône de Dieu et exécutaient en quelque sorte sa volonté car ils faisaient respecter ses lois dans le monde physique. En tant que messagers divins, ils ont trempé leurs ailes dans un certain nombre de moments charnières du

Nouveau Testament, y compris lors de la naissance de Jean le Baptiste et de Jésus-Christ, et dans « l'agonie dans le jardin » de Jésus, ainsi que dans sa très importante résurrection.

L'angéologie et la démonologie ont connu leurs propres résurrections. Les disciplines anciennes regroupaient les êtres célestes dans une hiérarchie à sept niveaux, qui lorsqu'ils étaient ajoutés aux séraphins et aux chérubins de l'Ancien Testament, constituaient neuf chœurs des anges. L'archange Michel, qui a déjà joué un rôle central dans la tradition judaïque, est devenu un des archanges préférés du christianisme, bien qu'il soit parfois confondu avec le guerrier saint George. (Vous trouverez davantage d'information sur Michel et sur les autres archanges dans le chapitre 13.)

Bien entendu, le christianisme a de plus en plus associé *ha-satan*, « l'adversaire », à une seule menace surnaturelle et au nom latin qui désigne l'étoile du matin, *Lucifer* (« porteur de lumière »), et dont le sort mythique — il est tombé du ciel et il a été « renversé jusqu'à terre » — décrit dans le livre d'Isaïe (14,4-17) appartenait au roi de Babylone et non pas à un ange. Dans l'Apocalypse (12,7-8) on affirme ceci : « Et il y eut guerre dans le ciel. Michel et ses anges combattirent contre le dragon. Et le dragon et ses anges combattirent, mais ils ne furent pas les plus forts, et leur place ne fut plus trouvée dans le ciel. » Fait intéressant, il existait déjà des parallèles à une telle chute dans la mythologie ancienne assyro-babylonienne.

Pour le christianisme, Lucifer/Satan est devenu un ange déchu farouchement déterminé à détruire les êtres humains et toutes les choses sacrées. La croyance en cet ennemi diabolique, combinée à la foi en la grâce de Dieu, a incité les chrétiens à utiliser des symboles protecteurs et pieux. Les sacramentaux tels que les crucifix, les médailles, les rosaires et l'eau bénite comptent encore parmi les plus populaires.

L'islam

La croyance aux anges (en arabe *malâ'ikah*) est un des piliers de la foi musulmane. Ils sont mentionnés à de nombreuses reprises dans le Coran et les hadiths — le recueil des actes et des paroles de Mahomet et les traditions qui s'y rattachent — et ils figurent au premier plan dans les événements que les Juifs et les chrétiens reconnaîtraient dans leurs propres livres sacrés : la visite à Ibrahim (Abraham) au pied du chêne de Mambré, près de Hébron ; la fuite de Lut (Loth) de la destruction de Sodome ; et l'annonce faite à Marie et l'immaculée conception de Isa (Jésus). L'archange Jibril (Gabriel), que les musulmans considèrent comme le plus grand de tous les anges, aurait visité Mahomet à quelques reprises, sous différentes formes, pour dicter le Coran au prophète.

Dans la vision du monde islamique, il n'y a pas d'anges déchus. *Chaïtan*, aussi appelé Iblis, et l'équivalent du Satan du christianisme, est un des djinns. Les djinns, habituellement invisibles aux êtres humains, vivraient sur la Terre dans un monde parallèle au nôtre. Ils peuvent être bons, méchants ou neutres dans la façon dont ils traitent les êtres humains ou entre eux. Ce sont les mêmes êtres — désignés comme démons dans *Le Testament de Salomon* — qui auraient construit le temple de Jérusalem sous l'ordre du roi Salomon. Tout en possédant une force « surnaturelle », de la vitesse et des habiletés comme celles de se métamorphoser et de voler, ils mangent, boivent, se marient et procréent. Ils meurent également, bien que la durée de vie d'un djinn soit considérablement plus longue que celle d'un être humain. Leurs présumés lieux de résidence se trouveraient dans les trésors archéologiques que sont entre autres Pétra, en Jordanie, et Iram (Ubar), dans le sud d'Oman.

Selon le Coran, Allah — autre nom pour « la (seule) divinité, Dieu » — a créé les anges à partir de la lumière et les djinns à partir d'un feu sans fumée. Comme les êtres humains, les djinns possèdent le libre arbitre. Mais pas les anges ; ils obéissent seulement aux ordres de Dieu et ne se lassent jamais de le vénérer.

Les différences entre les trois religions abrahamiques sont indéniables, mais deux croyances fondamentales possèdent un dénominateur commun : (1) il existe un créateur omniscient ; et (2) ce créateur a fait des anges des prolongements fonctionnels de sa volonté. Les trois religions offrent la même vision de la façon dont les anges fonctionnent et de la raison pour laquelle ils agissent ainsi.

Les anges sont des messagers qui révèlent les vérités divines. Les anges louent et servent leur créateur en aidant l'humanité à comprendre et à nourrir son lien avec Dieu.

Il s'agit là d'un cadre commun à partir duquel nous pouvons commencer. Mais il nous reste encore beaucoup de terrain à explorer. Poursuivons en répondant aux questions les plus fréquemment posées.

À quoi ressemblent les anges ?

Quelles soient basées sur une imagerie symbolique ou sur les témoignages de personnes qui les ont vus, les descriptions des anges sont multiples. Ils peuvent être des humanoïdes d'une beauté renversante — avec des ailes ou pas, avec un corps «solide» ou transparent, avec une apparence androgyne, masculine ou féminine — et ils semblent irradier une lumière intérieure. Ils peuvent apparaître sous forme d'étincelles multicolores, d'éclairs de lumière blanche ou de brume éthérée et tourbillonnante. En leur présence, vous pourriez ressentir une sensation physique comme un changement soudain de la pression atmosphérique ou une douce caresse ou un picotement. L'idée est que les anges sont de l'énergie ; ils peuvent donc s'exprimer en prenant n'importe quelle forme nécessaire.

Vous avez besoin d'un garde du corps instantané quand vous êtes en danger ? *Et voilà !*

D'un mot encourageant d'un étranger qui disparaît dès que vous tournez le dos ? *Aucun problème.*

D'une rencontre en rêve avec une licorne dont la cape est si blanche qu'elle vous aveugle presque ? *Bien sûr. Si c'est ce que vous voulez !*

Les anges peuvent purement et simplement projeter n'importe quelle image mentale qui nous aide. Souvent, l'image est précisément ce que nous anticipons. Vous vous attendez à voir des ailes ? Vous pourriez effectivement en voir. Malgré cela, D. J. Conway affirme dans *Guides, gardiens et anges* que les ailes des anges sont simplement des flux d'énergie qui accompagnent leurs mouvements. Cependant, certaines personnes ne prennent conscience qu'elles ont rencontré un ange qu'après l'événement.

Les anges sont de nature androgyne ; ils peuvent donc apparaître sous forme masculine ou féminine. Voici un exemple : certains spécialistes, comme Doreen Virtue, voient surtout l'archange Gabriel sous des traits féminins ; d'autres présument que cet ange est masculin. Chantel Lysette a révélé que lors de sa première rencontre avec cet archange, il était d'aspect féminin ; elle l'a donc appelé « Gabrielle ». Mais comme elle était mal à l'aise avec une figure d'autorité féminine, Gabriel lui est par la suite apparu sous sa forme masculine, « Gabe ».

Comme les pronoms dans la plupart des langues peuvent être masculins ou féminins, il peut être délicat de parler de ces êtres androgynes ou d'écrire à leur sujet. Pour simplifier les choses, je vais représenter les anges sous leur forme masculine.

Les anges préfèrent-ils une religion à une autre ?

La citation suivante, attribuée à saint Thomas d'Aquin, l'exprime le mieux : « Les anges transcendent chaque religion, chaque philosophie, chaque croyance. En fait, les anges n'appartiennent à aucune religion telles que nous les connaissons, car leur existence précède chaque système religieux qui ait jamais existé. »

Dans *Le code des anges*, Chantel Lysette complète parfaitement ce concept avec l'information qu'elle a reçue de son guide spirituel, Jake, à propos de la mort de ce dernier. Quelques secondes après son trépas, Jake a manifestement rencontré les archanges Raphaël, Michel, Gabriel et Cassiel. Terrifié, il leur a avoué qu'il n'était pas chrétien. Gabriel a jeté un coup d'œil à ses compagnons, puis il a répondu en haussant les épaules. « Voilà qui est amusant, nous non plus. »

Quels types d'anges existe-t-il?
Comment sont-ils classés?

Les philosophes et les théologiens n'ont peut-être pas débattu sur la quantité d'anges qui pourraient danser sur la tête d'une épingle, mais ils se sont surpassés pour classifier les espèces. En conséquence, il ne manque pas de hiérarchies célestes, y compris les versions islamiques, chrétiennes, zoroastriennes et les diverses versions kabbalistiques. Pour que les choses soient simples, nous allons examiner une des listes les mieux connues, créée au Vᵉ siècle par Pseudo-Denys L'Aréopagite et peaufinée au XIIIᵉ siècle par saint Thomas d'Aquin. Alors que cette liste détermine l'ordre dans lequel sont classés les anges, l'information relative à chaque niveau vient de différentes sources, y compris des textes sacrés des trois principales religions abrahamiques, des travaux de Rudolf Steiner — le fondateur de l'antroposophie, une philosophie conçue pour unifier la science et l'esprit — et des livres d'auteurs modernes comme Richard Webster, D. J. Conway, Doreen Virtue et Sylvia Browne.

Mais d'abord, un mot sur les hiérarchies. Il est préférable de ne pas les voir comme un ordre d'autorité ou une chaîne de commandement militaire. Voyez-les plutôt comme une grande entreprise avec différents services qui ont chacun un rôle essentiel à jouer. Un service pourrait être plus puissant qu'un autre, mais il n'est jamais plus important. Pour paraphraser Deepak Chopra, l'univers, dans son état parfait, n'a pas de pièces de rechange… et cela s'applique également aux êtres humains!

La première triade ou le premier chœur

Ces anges possèdent la vibration la plus élevée et ils sont donc les plus près du centre énergétique divin (Dieu) et de l'information divine.

1. Les **séraphins** : anges de l'amour divin et de la lumière divine dont la principale fonction est d'encercler Dieu et de lui vouer une perpétuelle admiration, c'est-à-dire par le chant ; identifiés par Rudolf Steiner comme étant les Esprits de l'amour ; décrits comme ayant six ailes rouge vif ou, selon Sylvia Browne, une paire d'ailes blanches aux pointes argentées. Gardiens de la lumière, ils régulent et notent les mouvements célestes de l'univers et ont très peu de contacts avec les êtres humains.

2. Les **chérubins** : « ceux qui sont près » ou les « porteurs » de la majesté divine ; « ceux qui intercèdent » ; les Esprits de l'harmonie, selon Steiner. À l'origine, ils étaient décrits comme d'impressionnantes créatures aux allures de griffons, ce qui est bien loin des poupons dodus qu'on voit dans les tableaux de la Renaissance. Plus tard, le livre d'Ézéchiel leur donne quatre visages et quatre ailes ; de nos jours, ils sont représentés comme étant des hommes avec deux, quatre ou six ailes bleues ou, selon Sylvia Browne, avec des ailes blanches aux pointes dorées. Selon le *Sunan Abu Da'ud*, le prophète Mahomet a dit : « J'ai reçu la permission de parler d'un des anges de Dieu qui porte le Trône. La distance entre ses lobes

d'oreilles et ses épaules est l'équivalent d'un voyage de 700 jours. » La tradition musulmane soutient aussi que les assistants du trône de Dieu aiment les « croyants » et implorent Dieu (Allah) de pardonner les péchés des êtres humains. Leurs principales fonctions consistent à vénérer Dieu et à tenir à jour les archives du ciel.

3. Les **trônes** : les « roues » ou les « êtres plein d'yeux » qui transmettent à tous la vérité de Dieu ; les Esprits de la volonté, selon Steiner. Décrits par Browne comme ayant des ailes mauve foncé. Le livre de Daniel décrit le trône de Dieu comme « étant comme la flamme embrasée avec ses roues en feu ». Les trônes sont les symboles de l'autorité de Dieu. Selon saint Thomas d'Aquin, ils délibèrent et administrent la justice divine.

La deuxième triade

Ces anges transforment l'énergie divine en une forme utilisable ; ils supervisent l'univers et appliquent la volonté de Dieu.

4. Les **dominations** : anges sages qui déterminent les tâches cosmiques nécessaires au bon fonctionnement de l'univers. Les anges de la sagesse, selon Steiner. Selon Browne, ils ressembleraient à des êtres humains d'une beauté incroyable, habituellement vêtus de vêtements verts et dorés, avec deux ailes vertes. Leurs symboles sont l'épée et le sceptre.

Ils supervisent et assignent les tâches aux chœurs inférieurs, mais ils reçoivent leurs ordres des chérubins ou des trônes.

5. Les **vertus** : « ceux qui brillent » ou « forteresses » qui développent des stratégies pour accomplir les tâches que leur ont assignées les dominations. Les Esprits du mouvement, selon Steiner. Ils porteraient une ceinture dorée autour de leur taille et ils ont des ailes bleu pâle, selon Browne. Ils font respecter les lois de la nature — qu'il s'agisse de la température ou du mouvement des planètes et des étoiles — et à l'occasion, ils permettent que des miracles se produisent, même s'ils vont à l'encontre de ces lois.

6. Les **puissances** : les « autorités » qui accomplissent les tâches cosmiques déléguées par les dominations et soulignées par les vertus. Les Esprits de la forme, selon Steiner. En tant que fidèles guerriers de Dieu, ils combattent les forces des ténèbres et supervisent la distribution du pouvoir dans l'univers. Dans *Archanges et maîtres ascensionnés*, Doreen Virtue les décrit comme étant des « gardes du corps » qui empêchent les entités négatives — humains ou esprits — de dominer le monde. Quand c'est nécessaire, ils peuvent intervenir pour guider les âmes désorientées ou les esprits terrestres, c'est-à-dire les fantômes dans l'Au-delà.

La troisième triade

Ces anges transmettent la lumière et l'amour de Dieu aux planètes individuelles, y compris la Terre, dans notre cas.

7. Les **principautés** : ce sont les anges qui, en collaboration avec les puissances, organisent les tâches terrestres, veillent sur les nations et les villes et, à l'occasion, créent des miracles à l'échelle nationale ou personnelle. Les Esprits de la personnalité, selon Steiner. Selon Sylvia Browne, ils ont des ailes dorées et ils n'interviennent que lorsque notre demande d'aide explicite coïncide avec un ordre de Dieu. Ils travaillent avec les anges gardiens de chaque personne et de chaque endroit.

8. Les **archanges** : ce sont des anges extrêmement puissants qui accomplissent les tâches assignées par les principautés ; ce sont les principaux messagers de Dieu. Les Esprits du feu ou du peuple, selon Steiner. Ils ont des ailes d'un blanc immaculé, selon Browne. Selon Chantel Lysette, la couleur des ailes varie selon l'archange. Doreen Virtue associe également différentes couleurs à des archanges spécifiques. (Plus de détails sur les archanges dans le chapitre 3.)

9. Les **anges** : les « porteurs de prières » et les « surveillants qui ne dorment jamais ». Les Fils de la lumière ou du crépuscule, selon Steiner. Ils sont les plus près des êtres humains, et sont donc nos canaux immédiats de l'énergie divine. Ils se distinguent des autres anges par leurs ailes gris blanc. Les anges gardiens font partie de ce groupe. (Plus de détails sur les anges gardiens dans le chapitre 6.)

Il y a donc neuf niveaux, trois chœurs et une source. Rappelez-vous que la source est l'amour inconditionnel. Les anges ne s'attendent pas à ce que nous soyons parfaits. Ils ne jugent pas ou n'ont pas envie de frapper les êtres humains à la moindre occasion.

Bien sûr, leurs messages pourraient parfois vous agacer, comme lorsqu'ils vous encouragent à sortir de votre zone de confort ou qu'ils vous rappellent doucement que le triple hamburger au fromage, la grosse portions de frites et le lait frappé au chocolat que vous avez envie d'avaler ne sont pas très bons pour votre cœur! Croyez-moi, en matière de conseils angéliques, il n'y a rien qui soit interdit. Il est également normal de sursauter — ou à tout le moins d'être effrayé — lors de leurs visites surprises. Mais ils ne retiennent certainement pas leur souffle; ils ont hâte de crier: «Trois prises... Retrait!» et de nous chasser du marbre.

Les anges — en particulier ceux qui travaillent le plus près des êtres humains, comme les archanges et les anges gardiens — nous soutiennent. Ils viennent vers nous, non pas pour nous jeter à terre, mais pour nous relever. Ils attendent toujours en coulisses pour nous attraper quand nous tombons.

2

Le rôle des anges

En ce moment même, vous pourriez vous demander ce que les anges — en particulier ceux qui sont le plus près de nous — font dans le monde des humains. En gros, TOUT CE QUI EST NÉCESSAIRE. Une description plus détaillée serait : ils accomplissent leur travail, et leur plus grand bonheur est de nous aider, de nous guérir, de nous protéger, de nous conseiller, de nous réconforter, d'entrer en contact avec nous, de nous transmettre une connaissance infuse et de nous inspirer.

Aider

Les anges sont toujours prêts à nous aider. Cependant, nous devons leur demander.

Doreen Virtue affirme qu'il existe une loi universelle qui veut que «aucun ange ne peut interférer dans la vie d'un être humain sauf si ce dernier le lui demande, avec la seule exception que sa vie est menacée». Cette loi empêche les anges d'interférer avec le libre arbitre.

Et cela s'applique au libre arbitre de *tout le monde*. Si vous suppliez les anges de faire en sorte qu'une personne tombe amoureuse de vous, vous perdez votre temps. Les anges vont autant respecter la liberté de cette personne que la vôtre.

Cependant, si vous vous inquiétez à propos de votre famille ou de vos amis, vous pouvez demander aux anges de les entourer et de les soutenir. Les anges ne vont pas se mêler de leurs affaires ou faire des choix pour vos proches, mais ils vont les réconforter et les guider, et peut-être calmer une situation.

Comment demander de l'aide aux anges? Vous pouvez le faire directement ou — si vous êtes plus à l'aise avec la prière traditionnelle — en passant par Dieu. Personnellement, je fais les deux, car ces deux façons ne s'excluent pas mutuellement. Quand vous communiquez avec les anges, vous entrez également en contact avec l'esprit universel (Dieu) et vice versa.

Mais surtout, ne soyez pas intimidé. La maxime de Doreen Virtue est que Dieu et les anges ne sont pas compliqués, et c'est encore plus vrai que ce que vous pourriez croire. En fait, les anges sont aussi simples ou complexes que nous les imaginons.

Il n'est pas nécessaire de mémoriser une liste de noms difficiles à prononcer sauf si vous voulez vraiment le faire. Comme D. J. Conway l'explique dans *Guides, gardiens et anges*, vous pouvez simplement invoquer l'ange du stationnement, l'ange des voyages sans anicroche, l'ange pour trouver l'aide appropriée, etc.

Dans les chapitres 4 et 5, nous allons examiner plus en détail la façon d'entrer en contact et de communiquer avec les anges. Pour l'instant, sachez seulement que les anges peuvent vous aider dans diverses situations.

Une de mes amies souhaitait offrir à sa fille le plus beau des mariages, mais elle et son mari ne savaient pas comment ils pourraient payer la note. Elle a prié pour avoir de l'aide. Peu de temps après, alors qu'elle se trouvait à l'extérieur de sa voiture, à une halte routière, quelque chose lui a dit de regarder par terre. Devant elle, il y avait un flacon de médicaments. Elle l'a pris et elle a enlevé le couvercle pour constater qu'il ne contenait pas des pilules, mais une grosse somme d'argent. Elle était certaine qu'un ange l'avait guidée pour qu'elle le trouve.

Dans *Prier avec les anges*, Richard Webster donne l'exemple du pape Pie XI (1857-1939) qui, selon les dires, priait son ange gardien deux fois par jour. Quand le pape soupçonnait qu'une personne rejetterait ses idées lors d'une rencontre, il demandait à son ange gardien de s'adresser à l'ange gardien de cette personne afin d'assurer une rencontre harmonieuse.

Bien entendu, l'aide des anges ne consiste pas simplement à obtenir ce que nous voulons. Parfois, les anges nous aident en plaçant des obstacles sur notre chemin. Votre véhicule tombe en panne sans raison apparente, mais il le fait au bon endroit et au bon moment pour que vous puissiez assister à un spectacle formidable ou aider quelqu'un d'autre. Ou un terrible cauchemar vous permet d'être reconnaissant pour les bénédictions dont vous jouissez déjà. Une circonstance ou une prémonition vous empêche d'attraper votre vol et l'avion s'écrase en ne laissant aucun survivant.

Qu'en est-il des passagers qui sont montés à bord de l'avion? Leur esprit conscient pourrait ne pas avoir été tout à fait conscient de la transition, mais leur âme le savait. Puisque leur heure était venue, les anges ont retiré tout obstacle les empêchant de monter dans l'avion.

Quand votre heure n'est pas venue, vous ne partez pas! Je n'ai qu'à consulter mon arbre généalogique pour en avoir la preuve. Alors qu'il se trouvait encore en Irlande, le frère de mon arrière-grand-père a raté le bateau qu'il devait prendre pour venir aux États-Unis — le *Titanic* — puis il a fait la traversée sain et sauf sur le *Lusitania*.

Guérir

Chacun d'entre nous a eu ou aura besoin d'une quelconque forme de guérison, qu'elle soit physique, émotionnelle, mentale et spirituelle. Les anges excellent en cela. En fait, l'auteur, occultiste, guérisseur et théosophiste bien connu, Geoffrey Hodson (1886-1983), a classifié les anges de la guérison comme un des sept principaux groupes d'anges qui existent, de même que les anges du pouvoir, les anges gardiens de la maison, les anges constructeurs, les anges de la nature, les anges de la musique et les anges de la beauté et de l'art. Ces anges guérisseurs, dirigés par l'archange Raphaël, peuvent vous aider à rester en bonne santé, à surmonter les dépendances et à vous rétablir d'une maladie ou d'une blessure.

Les anges de la guérison sont partout, pas seulement dans les hôpitaux et dans les bureaux de médecins. Comme tous les anges, ils volent à vos côtés dès que vous demandez leur aide, souvent avant même que vous ayez fini de penser ou de prononcer votre prière. La semaine dernière, j'ai demandé en silence à Raphaël de guérir le bas de mon dos. Une seconde plus tard, mon garçon de sept ans, Geoffrey, m'a demandé pourquoi il voyait une lumière verte — une couleur associée à cet archange et avec la guérison en général —, puis il s'est adressé à l'ange qu'il a appelé « Ralph ».

Tous les anges peuvent faciliter le processus de guérison et ils aident souvent les guérisseurs médiumniques et spirituels ; il arrive que les patients de ces derniers disent s'être sentis envahir d'un amour presque palpable ou d'avoir senti d'autres mains se poser sur eux durant la séance de guérison. Il y a huit ans, j'ai fait cette expérience quand une femme qui recevait une formation en travail énergétique a appliqué sa méthode sur moi. À certains moments, j'étais certaine qu'elle touchait une partie de mon corps et je découvrais qu'elle se concentrait sur une autre partie complètement différente. Quand je le lui ai mentionné, elle a conclu que c'était un des nombreux anges qu'elle sentait qu'ils l'aidaient à me guérir. Je n'ai pas douté de ses paroles parce que les sensations que j'avais ressenties étaient aussi chaudes et fermes qu'une main réelle sur ma peau.

Durant une de nos séances, elle a soudainement ri :

— Holà, a-t-elle dit. Bon, d'accord.

Elle parle rarement durant son travail, alors j'ai ouvert les yeux et je lui ai demandé ce qui se passait.

— Quelque chose d'imposant est intervenu : un ange, a-t-elle répondu. Mes mains étaient à la distance habituelle de ton corps, mais il les a soulevées plus haut. Je n'étais pas certaine au début alors j'ai essayé de les abaisser. Il les a de nouveau soulevées et il m'a repoussé légèrement. L'ange doit savoir quelque chose que j'ignore. Je ferais mieux de garder mes mains là où il veut qu'elles soient.

Deux semaines plus tard, j'ai appris que j'étais enceinte. Et peu de temps après, un maître reiki m'a expliqué que quand une femme est enceinte, il est préférable d'entourer son corps d'une bulle protectrice d'énergie et de travailler autour de celle-ci. L'ange qui avait guidé l'autre praticienne devait avoir la même vision et il s'était résolu à protéger le précieux petit être dans mon corps.

Protéger

« Car il ordonnera à ses anges de te garder dans toutes tes voies. Ils te porteront dans leurs mains, de peur que ton pied ne heurte contre une pierre. » (Psaumes 91,11-12)

Chacun d'entre nous possède un ange gardien (plus de détails sur le sujet dans le chapitre 6), mais il y a d'autres anges qui jouent aussi ce rôle. En règle générale, plus nous sommes confrontés à des défis, plus il y a d'anges qui veillent sur nous. Plus le problème est gros, plus les anges ont de pouvoir. Dans *Phénomènes : tout ce que vous devez savoir sur le paranormal*, Sylvia Browne affirme que ce plus grand nombre ou niveau d'anges est déterminé bien avant notre naissance, et il est expressément lié aux buts et aux expériences que nous planifions d'avance pour nous-mêmes.

Un certain nombre d'archanges sont associés à la protection. L'archange Michel est bien connu comme étant l'ange à invoquer quand nous sommes confrontés à la peur ou au danger. L'archange Ariel protège les animaux et l'environnement. En plus de ses activités de guérison, l'archange Raphaël protège les voyageurs.

Je soupçonne fortement que Raphaël a veillé sur ma mère durant son récent voyage au Pérou. Mon père et elle, ainsi que le groupe avec lequel ils voyageaient, se trouvaient dans la ville située au pied du Machu Picchu ; ils se préparaient à visiter les ruines quand ma mère a trébuché contre la bordure d'un trottoir. En raison de l'impact, elle a été projetée par en avant. Le temps a semblé s'arrêter, mais plusieurs pensées ont défilé dans sa tête.

J'ai vraiment trébuché, cette fois-ci. Je vais atterrir sur ma tête et ça va être terrible. Et si je mourais ? Qui va prendre soin de Bill [son mari] ? J'ai tant de choses à dire à mes enfants.

Soudain, une vague de paix l'a envahie et un message a surgi dans son esprit : CE NE SERA PAS UNE TRAGÉDIE.

Elle a senti qu'un certain nombre d'anges avaient guidé son corps et amorti sa chute. Puis, elle a atterri directement sur ses genoux. Les touristes qui avaient été témoin de son « vol » non planifié craignaient qu'elle se blesse gravement ou même qu'elle meure. Mais malgré la douleur considérable, ma mère a réussi à réaliser son rêve d'enfance et à grimper les ruines ce jour-là. Depuis, elle décrit le Machu Picchu comme l'endroit le plus spirituel qu'elle a visité dans sa vie.

La protection ne vise pas seulement le corps ; elle s'applique à chaque aspect de l'expérience humaine, y compris notre état mental et émotionnel. L'envers du rôle de guerrier de l'archange Michel est son rôle de «protecteur de la joie». Il peut chasser toute négativité, extérieure ou intérieure. La description de Doreen Virtue de ce type de changement d'énergie (du négatif au positif) correspond à quelque chose que mon garçon Geoffrey a perçu une fois, en fin de soirée, quand il avait cinq ans.

J'étais de mauvaise humeur ce soir-là, alors j'ai demandé à Michel d'aspirer la négativité de mon corps et de la remplacer par une énergie positive. Quelques minutes plus tard, j'ai entendu un bruit en provenance de la chambre de mes garçons. Je me suis donc précipitée dans le corridor et j'ai pénétré dans leur salle de bain inondée de lumière : Geoffrey était là qui m'attendait. Je me suis accroupie devant lui.

Il a déplacé son regard vers le dessus de ma tête, puis vers le plafond. Il a alors écarquillé les yeux.

— Il y a quelqu'un d'autre ici, a-t-il dit.

Cela semblait être quelqu'un de grand.

— Non, je ne veux pas être heureux, a-t-il dit en fronçant les sourcils.

Puis, il a donné trois petites tapes sur ma tête avec la paume de sa main.

— Maintenant, je veux être heureux, a-t-il conclu.

Il a résumé en 15 secondes le transfert d'énergie qui se produisait. L'archange — ou un de ses compagnons — a littéralement «aspiré» la noirceur de mon chakra couronne (le vortex énergétique qui se trouve au sommet du corps humain) et il l'a remplacé par de la lumière.

Conseiller

Il y a une raison pour laquelle le mot « ange », dans différentes langues, est dérivé du terme « messager » ou correspond à celui-ci. Les anges sont effectivement des messagers divins. En tant que tels, ils nous *conseillent* dans les deux sens du terme : ils peuvent nous faire part d'événements ou de situations qui vont se produire et nous recommander des actions qui seront bénéfiques pour nous et pour toutes les personnes concernées.

Un matin, une de mes grandes amies était étendue sur son lit quand, soudain, une voix surnaturelle lui a dit que sa plus jeune fille avait le cancer. Heureusement, la voix s'est empressée d'ajouter que la petite fille irait bien. Les examens médicaux ont confirmé la nouvelle et les traitements ont aussitôt commencé.

Durant ces traitements, la fillette observait ce qu'elle appelait les « gens de l'arc-en-ciel ». Ils flottaient dans les airs — à moins d'un mètre du sol — et semblaient être une trentaine d'humanoïdes qui irradiaient les couleurs de l'arc-en-ciel. Leur présence était à la fois réconfortante et normale, car ils apparaissaient aussi à la maison, tant à elle qu'à sa grand-mère. Ils lui ont même dit quand rester à la maison, au lieu d'aller à l'école, pour protéger sa santé à chaque étape de sa guérison.

Aujourd'hui, c'est une belle femme en santé. Elle n'a jamais oublié les gens de l'arc-en-ciel qui se tenaient à son chevet, et sa mère est plus que reconnaissante envers l'assistant céleste qui l'a non seulement informée du cancer, mais aussi de la guérison éventuelle de sa fille.

Réconforter

Tous les anges peuvent nous réconforter dans nos moments les plus sombres, mais certains sont reconnus pour exceller dans cet art. L'archange Cassiel est connu comme étant l'ange de la solitude et des larmes. Il est une présence silencieuse et calme qui se soucie profondément de l'humanité et atténue la souffrance — à la fois de la famille immédiate et du peuple — causée par la mort des monarques et d'autres dirigeants. Il peut aussi partager le poids de nos tristesses personnelles.

L'archange Raphaël soulage toute forme de douleur : physique, mentale, émotionnelle et spirituelle. Il veille aussi sur les personnes qui réconfortent et guérissent les autres. Une de mes amies possède le don de guérison. Il y a plusieurs années, alors qu'elle traversait une période difficile en raison de son divorce et des problèmes de garde d'enfant, elle a rencontré un être angélique qu'elle soupçonne être Raphaël. Une nuit, elle s'est réveillée au son d'une sonnerie vers 3 h et elle a aperçu une immense « silhouette angélique » verte au pied de son lit. L'amour inconditionnel qui s'en dégageait était si puissant qu'elle a ressenti son énergie bien après que l'ange ait disparu. Elle croit qu'il lui est apparu pour qu'elle sache qu'elle avait du soutien de l'Au-delà et qu'il serait à ses côtés durant les moments difficiles qu'elle vivrait.

Quand nous sommes privés de réconfort personnel parce que nous sommes incapables de nous pardonner ou de pardonner aux autres, l'archange Zadkiel est « l'ange de l'autre vision ». Il peut vous aider à vous libérer de tout jugement — envers des grandes ou des petites choses — et emplir votre cœur de compassion.

Entrer en contact

Croyez-le ou non, mais entrer en contact avec les anges est une faculté naturelle dont nous parlerons dans le chapitre 4. Mais il ne s'agit pas seulement d'entrer en contact avec les anges. Les anges encouragent le sentiment que nous avons d'être unis à tout ce qui fait partie de la création et, en fin de compte, à Dieu. Ils retirent toutes les barrières pour accroître notre vision et ils nous aident à remarquer l'incroyable interconnexion de notre univers. Par exemple, prenez les détails orchestrés par les anges qui ont entouré la naissance de mes enfants.

Des rêves et un certain nombre de signes m'avaient informée que j'étais enceinte de jumeaux identiques bien avant que les médecins s'en rendent compte. Même quand l'échographie l'a confirmé, le sexe des bébés est demeuré un mystère. Ils étaient simplement bébé A (du côté droit de mon ventre) et bébé B (du côté gauche) et les bébés jumeaux ne changent apparemment jamais de côté durant la grossesse. Mon mari Dan et moi avions choisi quatre prénoms, deux pour des garçons et deux pour des filles. Si les bébés étaient des garçons, celui à ma droite s'appellerait Connor et celui à ma gauche, Geoffrey.

Quand Dan a annoncé les noms à sa mère, elle a répondu instantanément : « Ça va être des garçons. »

Pourquoi en était-elle aussi certaine ? Dans le bureau où elle travaillait, le collègue à sa droite s'appelait Connor et celui à sa gauche avait un enfant qui s'appelait Geoffrey.

Durant le septième mois de ma grossesse, les garçons voulaient SORTIR ; le travail a donc commencé prématurément. J'ai appelé mes parents, qui vivaient à plus d'un millier de kilomètres, immédiatement après que mes eaux ont crevé ce matin-là et je ne les ai rappelés qu'après l'accouchement. Une demi-heure avant ma césarienne d'urgence, alors qu'ils n'étaient au courant de rien, ils sont allés au restaurant.

Pendant qu'ils mangeaient, un bambin assis à la table voisine a poussé un cri. Il avait été calme et s'était bien comporté durant tout ce temps, et son cri ressemblait davantage à celui d'un nouveau-né.

Ma mère a aussitôt su. *Un des bébés vient de naître*, a-t-elle pensé.

Elle a demandé à mon père de jeter un coup d'œil à sa montre. Il était 18 h 15.

Une minute plus tard, le même bambin a poussé un deuxième cri, qui ressemblait aussi à celui d'un nouveau-né. Mon père a de nouveau jeté un coup d'œil à sa montre. Il était 18 h 16.

— Et voilà le deuxième, s'est exclamé ma mère.

Le bambin est demeuré silencieux durant le reste du repas. Sitôt après avoir fini de manger, ma mère a appelé Dan sur son téléphone portable et il a confirmé que les jumeaux étaient nés.

— À quelle heure sont-ils nés ? lui a-t-elle demandé.

Elle n'a pas été surprise de l'entendre répondre :

— À 18 h 15 et 18 h 16.

Un phénomène lié à l'événement nous a cependant tous surpris. Trois femmes qui tricotaient chacune une couverture pour les garçons étaient demeurées éveillées durant presque toute la nuit précédant l'accouchement pour terminer leur tricot. Même si l'accouchement n'était prévu que dans six semaines, un sentiment d'urgence — un petit coup de coude de la part des anges — les avait incitées à terminer leur couverture.

Nos anges communiquent entre eux et leurs efforts combinés créent un réseau d'une précision et d'une puissance phénoménales. Cette synchronicité nous rappelle qu'il se passe beaucoup plus de choses que ce que nos cinq sens perçoivent. Tout est lié.

Transmettre une connaissance infuse

Les psychologues, les philosophes et les mystiques se sont beaucoup penchés sur « l'expérience paroxystique », un moment miraculeux et euphorique où une personne transcende l'illusion matérielle et perçoit l'harmonie universelle ou une « vérité supérieure ». Elle se produit soudainement et elle peut être causée par un puissant sentiment d'amour, par une méditation profonde ou par la vue d'une magnifique œuvre d'art, littéraire ou musicale ou par la beauté de la nature. Je crois que la plupart des expériences paroxystiques se produisent quand les anges nous transmettent une connaissance infuse. J'en ai vécu une quand j'avais huit ans.

J'étais assise dans ma classe de troisième année quand soudainement, j'ai été frappée par un désir soudain.

Je veux être comme Jésus le reste de la journée. Je vais être tout amour.

Ce désir a suscité une réaction immédiate dans mon corps. J'ai ressenti des picotements sur mon crâne et la sensation a descendu le long de ma colonne vertébrale et jusque dans mes membres. Je me suis sentie «légère» (à défaut d'un meilleur terme pour le décrire), comme si je flottais au-dessus de ma chaise. J'ai regardé les livres, la table et les nuages gracieux qui défilaient dans le ciel derrière les fenêtres joliment ouvragées. Tout semblait vivant et composé d'un million de minuscules particules scintillantes. Rien autour de moi ne paraissait solide. J'ai regardé le crayon dans ma main et je n'ai perçu aucune séparation entre l'instrument et mes doigts. En me retournant pour observer les élèves et l'enseignante, j'ai pris conscience que nous étions tous liés, que nous étions chacun un prolongement des autres et que nous faisions tous partie d'un grand tout.

Si vous êtes un cinéphile, imaginez la scène dans *La matrice*, où Néo, le personnage de Keanu Reeves, voit et comprend enfin la vraie nature de la matrice, et vous aurez une idée de ce que j'ai vécu. Il n'y a pas eu de chiffres ou de couleur vert fluo durant ce moment intense, mais cela a changé à tout jamais ma vision de l'univers.

Les anges peuvent aussi nous imprégner d'un savoir : ils peuvent télécharger en nous les archives akashiques, c'est-à-dire le superordinateur universel ou l'Esprit de Dieu. *Akasha* ou *akash* est le mot sanscrit pour «éther» (une substance invisible qui se trouve à l'intérieur et autour de chaque atome de l'univers), et les archives akashiques sont la somme de toute l'information — relative à l'histoire ou à l'expérience de l'univers et de ses habitants — qui est enregistrée sur cette substance. Dans *Phénomènes*, Sylvia Browne décrit que cette information «est imprimée sur l'éther de chaque planète, chaque système solaire et chaque galaxie que Dieu a créés». Elle explique que les archives akashiques existent aussi sous forme écrite dans la Salle des archives de l'Au-delà. Beaucoup de gens croient que l'archange Métatron en est le libraire en chef.

Le terme « archive akashique » vient de la théosophie, une philosophie spirituelle qui fusionne les croyances religieuses, philosophiques et scientifiques du monde en une vision du monde unifiée. Helena Blavatsky, médium et mystique du XIXᵉ siècle, est la défenderesse la plus connue de ce mouvement. Le terme a plus tard été popularisé par le remarquable médium Edgar Cayce, mais il est également possible de trouver des corrélations dans la philosophie indienne du *Samkhya*, dans le concept bouddhiste du *alaya-vijnana*, dans le temps du rêve des aborigènes d'Australie et dans la matrice de la vision à distance.

Le « téléchargement » des données de ces archives universelles se produit tout à coup et l'information est spécifique. Soudain, vous « savez » simplement une chose, mais il n'y a aucune raison logique pour laquelle vous devriez la savoir.

Voici un exemple. Quand le navire de mon grand-père maternel a coulé durant la Deuxième Guerre mondiale, ma grand-mère a reçu un télégramme qui lui disait qu'il était mort au combat. Elle a ignoré le télégramme et elle est demeurée calme, mais ce n'était pas du déni. Elle savait simplement que son mari était vivant, que son heure n'était pas venue. Des mois plus tard, elle en a eu la preuve et ils ont vécu ensemble durant les 63 années suivantes.

Les archives akashiques existent vraiment, tout comme la transmission d'une connaissance infuse dont nous faisons l'expérience. Comme Chantel Lysette l'explique dans *Le code des anges* : « C'est comme si vous aviez la capacité de "cueillir" l'information dans l'air autour de vous. En réalité, c'est parce que vous vous connectez à l'ange Métatron ou à son assistant, l'archange Jérémiel, qui vous autorise à consulter la plus vaste base de connaissances de toute la Création ».

Inspirer

Sur le plan physiologique, l'inspiration est l'action qui consiste à faire entrer de l'air dans les poumons. L'inspiration mentale et spirituelle — les « respirations » de l'âme — sont aussi importantes pour la vie telle que nous la connaissons et telle que nous aimerions qu'elle soit.

Je ne peux pas m'accorder tout le mérite de ce que j'écris ; une grande partie semble être une cocréation. Ce serait naïf ou égocentrique de ma part de ne pas soupçonner que les anges m'inspirent parce que je me sens exquisément près de Dieu quand j'écris. Les gens de tous les milieux et de toutes les professions sont inspirés à faire ce qu'ils font de manière unique. Il est non seulement possible d'être « dans la zone » (vivre une expérience optimale), mais c'est probable surtout quand les anges sont à vos côtés. Et ils le sont vraiment, du moins un d'entre eux l'est en ce moment même !

Nous sommes souvent inspirés à faire des actions spécifiques. Durant la Deuxième Guerre mondiale, mon grand-père (dont j'ai déjà parlé) et un autre homme étaient assis dans la salle des radiocommunications quand deux avions kamikazes se sont écrasés sur leur navire. Le destroyer a coulé en trois minutes ; ils ont donc eu peu de temps pour réfléchir, et il n'y avait que deux hublots par lesquels ils pouvaient fuir. L'autre homme — qui avait le même nom de famille que mon grand-père — a choisi la fenêtre-hublot la plus près et il est mort. Mais mon grand-père, qui ne savait pas nager, a entendu dans sa tête une puissante voix qui lui a dit d'utiliser l'autre hublot. Il a sauté et il a atterri dans l'eau près d'une caisse de munitions. Durant 12 heures, il s'est accroché à cette caisse et il a évité les balles des Japonais qui sifflaient au-dessus de sa tête avant d'être finalement rescapé. De toute évidence, son heure n'était pas venue et au moins un ange a joué un rôle.

Tous les jours, il se produit de petits et de grands miracles. Pensez à ces moments sombres où vous aviez l'impression de ne plus pouvoir continuer et où vous avez soudainement ressenti un élan du genre «Oh oui, je suis capable!» Ou à l'impulsion que vous avez eu de donner un billet de 10 dollars à un sans-abri, plutôt que votre monnaie. Rappelez-vous le problème que vous ruminiez dans votre tête avant d'aller au lit et la solution parfaite qui a surgi dans votre tête à votre réveil.

Comprenez-moi bien. La compassion et l'ingéniosité humaines — ainsi que nos esprits indomptables — sont certainement capables de créer ces phénomènes. Mais durant ces moments, les anges nous aiment et nous soutiennent afin que nous puissions agir à partir de notre moi supérieur. Et il y a de fortes chances qu'à un moment ou à un autre, une inspiration angélique nous ait tous frappés de sa baguette magique.

3

Les archanges

Une arche s'étend en largeur tout en supportant un poids, comme un pont ou une entrée. Les anges de la catégorie «arche» jouent un rôle semblable. Ils font le pont entre l'écart perçu entre les êtres humains et le Divin, tout en soutenant la source de la création. Ils offrent un accès à la compréhension en nous rappelant notre vision supérieure de nous-mêmes. Ils supervisent aussi un grand nombre d'anges et, comme vous l'avez sans doute compris dans les chapitres précédents, ils se spécialisent dans certaines fonctions.

En psychologie jungienne, les archétypes sont des images de l'inconscient collectif : des symboles universels acquis qui sont présents dans le «champ des messagers» de l'esprit humain. Ils apparaissent dans les rêves, les mythes, les personnalités, etc., mais peu importe où et comment ils apparaissent, ils enrichissent l'expérience humaine. Tout comme les archanges.

Comme nous le verrons dans le chapitre 5, les messagers divins communiquent avec nous de diverses façons, y compris au moyen des rêves et des visions durant la méditation. Peu importe la méthode pour entrer en contact avec nous, les archanges peuvent recourir à des animaux spécifiques — ou prendre leur forme — et ils utilisent souvent des symboles pour nous signaler leur identité. Après ma description de chaque archange, je vous indiquerai les animaux et les symboles qui sont associés à ce dernier. Il s'agit d'associations courantes, combinées à plusieurs qui sont énumérées dans *Le code des anges*, de Chantel Lysette.

Au bout du compte, les anges vont travailler avec vous pour développer une symbolique unique qui a du sens pour vous. Mais entre-temps, vous pouvez utiliser l'information contenue dans ce chapitre comme base de votre symbolique.

Combien y a-t-il d'archanges ?

Il y a encore des débats au sujet de leur nombre et, comme pour l'épellation de leur nom, cela dépend en grande partie des traditions dont ils proviennent. Selon les traditions judéo-chrétienne et occidentale, il y a quatre vedettes : Michel (dont le nom signifie « Qui est comme Dieu »), Gabriel (« Force de Dieu »), Raphaël (« Dieu guérit ») et Uriel (« Feu ou Lumière de Dieu »). Voici un résumé de chacun d'entre eux.

Michel

Michel est un chef parmi les archanges ; certains disent qu'il est *le* chef. Traditionnellement, il est l'ange patron des policiers, des pompiers et de tous ceux qui défendent la vérité et la justice. Il soutient aussi ceux qu'on appelle les « artisans de lumière » : les êtres humains — enseignants, guérisseurs, auteurs, artistes, etc. — qui sont inspirés à aider le monde au moyen d'une énergie spirituelle. Il peut enlever des blocages de tout genre, et sa principale priorité est de protéger la planète et ses habitants de la négativité, en particulier de l'énergie de la peur et de tout ce qui y est associé. Croyez-moi, il peut nettoyer une maison comme personne ne le peut !

C'est aussi « l'homme à tout faire » du royaume des anges et il est particulièrement bon pour réparer le matériel électrique ou mécanique. Cela peut vous sembler un sacrilège ou simplement ridicule de faire appel à Michel quand votre ordinateur fait des siennes, mais qu'avez-vous à perdre ?

Jeanne d'Arc affirmait que l'archange Michel l'avait guidée dans ses actions et qu'il lui avait donné du courage. Il lui serait apparemment apparu pour la première fois en 1424 quand elle n'avait que 12 ans. L'archange Gabriel lui est également apparu.

Certains perçoivent la lumière de Michel comme étant rouge, mais le bleu et le violet sont également associés à cet archange. Personnellement, je vois des étincelles violettes et des éclairs bleus quand il est près de moi — bien qu'à de rares occasions, je voie des traces de rouge — et les couleurs sont toujours accompagnées d'un immense changement de la pression atmosphérique. Sa présence imposante est manifeste et sa carte de visite est une énergie chaude et puissante qui inspire aussitôt un sentiment de courage, de force et de conviction. Et non, je ne prends pas de médicaments!

Il y a quelques années, j'ai reçu la visite de Michel pendant que j'étais étendue seule sur mon lit. Derrière mes paupières fermées, j'ai vu danser des étincelles violettes. Ensuite, la couleur est devenue d'un ton bleu foncé comme je n'en avais jamais vu et elle a pris la forme d'un orbe.

Qu'est-ce que c'est?, ai-je dit à voix haute. J'ai presque ouvert les yeux, mais je me suis ravisée et j'ai modifié ma question : *Qui es-tu?*

L'orbe est devenu un œil entouré (et composé) de feu, pas vraiment différent de l'œil de Sauron représenté par Peter Jackson dans la trilogie du *Seigneur des anneaux*. Mais ma vision différait de deux façons de celle des films : (1) les flammes à l'intérieur et autour de l'œil étaient bleues; et (2) je ne ressentais aucune peur, seulement de l'admiration.

L'image était aussi frappante que surprenante. J'ai voulu m'asseoir, mais quelque chose a repoussé mes épaules contre le matelas. Un battement de cœur, puis une force rugissante, que je ne peux décrire que comme un «vent cosmique» s'est abattue sur mon corps. Cela a duré peut-être une minute. Puis, tout est redevenu calme et je flottais au-dessus de mon lit, poussée par une force invisible vers le mur le plus près.

J'ai traversé le mur sans difficulté et ma vision a fait place à des sons. Un flot incessant de sons était projeté vers moi; ils semblaient provenir de chaque maison dans le voisinage : des prières murmurées, des conversations télé-phoniques, des bulletins de nouvelles et le rire mélodieux d'enfants qui jouaient.

J'étais certaine de deux choses : un esprit plus grand et protecteur était avec moi et je pouvais lui faire confiance. J'ai posé une question à mon compagnon à propos d'un but que je chérissais depuis longtemps. Il a répondu haut et fort : *PATIENCE.*

Le vent cosmique est revenu, mais pas longtemps. Il a subitement cessé de souffler et un coup de tonnerre a fendu l'air. J'étais de nouveau sur mon lit. Tout mon corps vibrait, alors j'ai ouvert les yeux pour m'assurer que j'étais bien en un seul morceau. Après cette forte sensation, je me suis levée et je me suis dirigée vers mon ordinateur pour effec-tuer quelques recherches.

J'ai vite trouvé deux indices étonnants à propos de mon expérience. D'abord, le vent cosmique et le coup de tonnerre étaient liés à la visite des esprits et au voyage astral. Pour ceux qui ne sont pas familiers avec cette expression, le voyage astral est une expérience hors du corps durant laquelle une personne fait à la fois l'expérience du voyage et de la destination. (Plus de détails sur le voyage astral dans le chapitre 9.) Ensuite, l'archange Michel était associé à la « Flamme bleue de la volonté de Dieu » et à la « Lumière bleue de la protection cosmique du Christ », et ses yeux étaient parfois décrits comme des étangs de feu.

L'œil bleu enflammé que j'avais vu semblait si puissant et si profond que je savais que j'étais en présence de quelque chose de sacré. Maintenant, après de nombreuses visites, je reconnais cette énergie révélatrice comme étant celle de Michel.

Dans les images conventionnelles, Michel porte une armure et il brandit une épée, et je lui ai demandé s'il était vraiment le guerrier qu'il est censé être.

OUI ET NON, a-t-il répondu. *JE NE CHÂTIE PAS LE MÉCHANT, MAIS JE POSSÈDE UNE ÉNERGIE FÉROCE QUI A DE L'EMPRISE SUR LA PLUPART DES SITUATIONS. MA RÉPUTATION DE GUERRIER EST EN FAIT UNE FORCE DE CONVICTION MAL INTERPRÉTÉE.*

Animaux : l'ours, le taureau, le cardinal, le coq, l'aigle, le faucon et le lion.

Symboles : une flamme bleue, une cotte de maille, un drapeau, un javelot, une armure médiévale, une balance de Thémis, un bouclier et une épée.

Gabriel

La Bible dit que l'archange Gabriel est allé à Nazareth et qu'il a dit à Marie qu'elle portait un garçon nommé Jésus. Le Coran décrit également l'événement : « Nous lui envoyâmes notre Esprit (Gabriel) qui se présenta à elle sous la forme d'un homme parfait. » (Le chapitre de Marie 19,17). Selon les écritures musulmanes, le même Gabriel (Jibril) a dicté le mot de Dieu (Allah) à Mahomet. Il est un messager dans le vrai sens du terme.

En tant que tel, il peut vous aider à recevoir et à comprendre tout message provenant de l'Esprit, que ce soit de Dieu, d'un guide spirituel ou de votre tante Bertha décédée. Il peut aussi vous aider à envoyer des messages, en particulier de nature spirituelle. Il n'est pas étonnant qu'il soit considéré comme l'ange de la guidance, ainsi que comme l'ange patron des messagers humains. Cela importe peu que vous soyez un écrivain, un journaliste, une personnalité de la radio, un conférencier motivateur, un maître de l'Internet, un acteur, un musicien ou un danseur ; si vous jouez un rôle dans la communication ou les arts, Gabriel le sait.

De plus, Gabriel s'implique dans les nouveaux départs, et cela peut se produire lors de la conception ou l'adoption d'un enfant. Il procure du courage et de la force aux parents et, en tant que parent, je peux affirmer que nous en avons besoin ! De plus, si vous êtes un artiste — un conteur d'histoires, un poète, un peintre, un sculpteur, etc. — et que vous considérez vos créations comme vos enfants, Gabriel veille sur vous.

Certains disent que sa lumière est bleue. D'autres relient son énergie à la couleur orange, cuivre ou dorée. Cela n'est pas surprenant quand vous songez à la façon dont il est toujours représenté avec une trompette, bien que je préfère ne pas la voir comme une trompette, mais comme une ligne téléphonique ouverte ; « en communication directe » avec Dieu en quelque sorte. Malgré cela, Gabriel m'est apparu avec ces couleurs bien avant que je connaisse son identité.

Il y a une décennie, une nuit, j'étais couchée à côté de mon mari qui ronflait. Je fixais le plafond dans le noir. Il semblait animé d'un milliard de particules.

Soudain, une lumière est apparue au pied du lit. Elle s'est agrandie et a pris la forme d'un spectre dont la couleur était un mélange d'orange et de doré. La vibration de cet « être de lumière » était nettement féminine ; bien entendu, je sais maintenant que ce n'était qu'un aspect de ce bon vieux Gabriel. Ses bras bougeaient avec une grâce éthérée et ses longs cheveux et sa robe flottaient dans les airs, comme s'il était immergé dans l'eau ou qu'il avait son propre ventilateur.

Au début, sa présence semblait aussi naturelle et prévisible que la pluie au printemps. Je savais qu'il était censé être là et, bien que je ne pouvais pas saisir quelle était son intention, je ne ressentais qu'un amour infini. Je me suis donc simplement imprégnée de ce moment et je l'ai inexplicablement attribué à une vision ou à un rêve éveillé.

Quelle jolie image, ai-je pensé.

Puis, Gabriel s'est approché de moi et il s'est placé à l'horizontale, imitant ma position dans le lit.

J'ai ressenti des picotements sur mon crâne. Mon cœur s'est mis à battre fort dans ma poitrine.

Sans dire un mot, il a descendu vers moi. Je m'attendais à ce qu'il s'arrête, mais l'espace entre nous est devenu de plus en plus étroit, au point que j'en ai ressenti un malaise. Il était à moins d'un mètre de moi et il continuait de descendre.

Une seconde, ai-je pensé. *Ce n'est pas un rêve. Je suis réveillée !*

Il s'est arrêté à deux centimètres de mon visage et j'ai enfoncé ma tête dans mon oreiller. Puis, il a disparu.

J'ai agité mes mains dans l'espace au-dessus de moi. Il n'y avait rien. Pas une seule trace pour démontrer que j'avais bel et bien reçu une visite.

Durant cette expérience, mes pensées avaient été conscientes et continues, mais quand je me suis réveillée le lendemain matin, je ne me sentais pas bien. J'avais l'impression d'être au bord d'une falaise, prête à plonger dans l'abysse. De toute évidence, mon âme me prévenait d'un drame imminent.

Cette visite avait eu lieu une semaine avant que commence ce que Dan et moi avons appelé l'« année infernale ». Durant cette période, la frustration que je ressentais face aux retards qui m'empêchaient de jouer mon rôle d'auteure ou de « messagère » s'est manifestée sous forme de douleurs physiques atroces que je ne souhaiterais à personne. Gabriel savait que la tempête s'annonçait. Je crois qu'il m'en a averti ou qu'il me l'a rappelée et qu'il a essayé de me rassurer que la force de Dieu — la signification de son nom — m'aiderait à traverser l'épreuve.

Animaux : le caméléon, la girafe, la sauterelle, le goéland, le faucon, le cheval, le rhinocéros, le rouge-gorge, le moineau et l'étourneau.

Symboles : une bannière, un lys, un pinceau, un stylo, la plume et l'encrier, un parchemin enroulé, une épée et une trompette (ou tout instrument à cuivre).

Raphaël

Raphaël joue un rôle charnière dans le livre apocryphe de Tobit, mais qui fait partie de la Bible catholique. Il est parfois appelé l'ange de la compassion. C'est logique parce qu'il est l'ange patron de toutes les personnes soignantes : les médecins, les infirmières, les pharmaciens, les herboristes, les chiropraticiens, les thérapeutes de toutes sortes, les acupuncteurs, les guérisseurs intuitifs, les chamans, les professeurs de yoga et les praticiens de toutes les formes de travail énergétique. Si vous vous passionnez pour les arts de la guérison, Raphaël veillera à ce que la formation et l'argent dont vous avez besoin se manifestent.

Si vous ou un être cher — y compris des animaux — avez besoin d'une guérison physique, mentale, émotionnelle ou spirituelle, faites appel à Raphaël. Vous pourriez recevoir une guérison directement de l'archange, sous forme d'un picotement à l'endroit affecté. Ou il pourrait faciliter une prise de rendez-vous avec le médecin idéal et lui souffler à l'oreille le meilleur traitement. Même quand la guérison physique n'est pas possible, Raphaël peut nous guérir à d'autres niveaux et il peut aider ceux qui souffrent d'une dépendance.

Soit dit en passant, les archanges travaillent ensemble. La maladie provient souvent de la négativité, alors un petit travail d'équipe de la part de Raphaël et de Michel peut faire des merveilles. Raphaël s'intéresse aussi à la science — en particulier à l'astronomie — et aux voyages. Que vous soyez un voyageur régulier, un globe-trotteur ou un touriste occasionnel, Raphaël peut rendre l'aventure agréable.

Certains disent que ses vibrations ont des tons de violet. Il peut aussi refléter des éclairs ou des étincelles de lumière vert émeraude.

Il y a quelques années, j'ai souffert d'une migraine durant quatre jours de suite. Cela n'a affecté que le côté gauche de ma tête durant deux de ces jours. Je devais afficher une mine terrible parce que le troisième jour, mon garçon Connor — alors âgé de trois ans — s'est approché de moi, un matin, les yeux écarquillés et remplis de compassion. « Ne t'inquiète pas, maman, a-t-il dit en saisissant ma main. Je vais réparer. »

Il m'a fait me lever de ma chaise et m'agenouiller devant lui. Puis, il a donné de petites tapes avec ses doigts sur le sommet de ma tête. Il a murmuré des sons brefs qui ne ressemblaient pas à de l'anglais ou à toute autre langue que j'avais étudiée et il a psalmodié des notes différentes à chaque tape. J'ai eu l'étrange impression qu'il voyait ma tête comme un ordinateur.

Au bout d'une minute environ, il a arrêté. Et la douleur a disparu.

J'ai plongé mon regard dans ses beaux yeux bruns et il m'a souri. « C'est mieux maintenant », a-t-il dit. Puis, il est retourné jouer avec son frère.

Cinq minutes plus tard, la migraine est réapparue, mais cette fois-ci, elle n'affectait que le côté droit de ma tête. J'ai alors songé à une chose qu'un maître reiki m'avait dite : « Le côté gauche du corps correspond au subconscient et le droit, au conscient. »

Est-ce que Connor avait déplacé l'énergie de la douleur — sans doute un blocage — de mon subconscient vers mon esprit conscient afin qu'elle soit guérie ? Était-il possible que les archanges Raphaël et Michel aient guidé ses actions ?

Mon instinct m'a dit de téléphoner à une praticienne du BodyTalk qui m'avait déjà aidée. Pour ceux qui n'ont jamais entendu parler du BodyTalk, il s'agit d'une forme de thérapie qui vise à harmoniser le réseau interactif des matrices énergétiques du corps afin d'équilibrer ce dernier pour qu'il puisse fonctionner normalement.

Dès que je lui ai parlé de ma migraine, la praticienne m'a répondu : « Des éléments d'une vie antérieure sont remontés à la surface afin que tu t'en débarrasses. »

Tout d'un coup, la pression atmosphérique a changé et j'ai ressenti des frissons sur ma tête, sur mes épaules et sur mes bras, comme s'ils avaient été caressés doucement. Un être invisible était venu me rejoindre dans la pièce.

« Trois anges vont t'aider, a poursuivi la praticienne. Les archanges Michel et Raphaël sont venus travailler avec ton ange gardien. Les sens-tu ? »

Cela dit, je ne lui avais jamais parlé des anges, des archanges ou de quoi que ce soit de ce genre.

Elle a pratiqué sa thérapie au téléphone et elle m'a indiqué une série de tapotements — certains puissants et soutenus, d'autres doux et légers — que j'ai effectués du mieux que j'ai pu. Quand j'ai raccroché 10 minutes plus tard, je me sentais remarquablement mieux. À la fin de la journée, ma migraine avait disparu pour de bon et j'étais très reconnaissante de l'aide que Raphaël m'avait procurée.

Animaux : le chat, le cerf, le dauphin, la colombe (blanche), la libellule, le canard, le poisson, la grenouille, le cheval, le hibou, le lapin, le serpent, la baleine, le loup et la licorne.

Symboles : le mortier et le pilon, le bâton du berger et le soleil.

Uriel

L'archange Uriel est également qualifié injustement par certains de posséder une mauvaise réputation. À sa défense, je dois dire qu'il est lui aussi une expression de l'amour divin. Quand je lui ai parlé de sa mauvaise réputation, il a aussitôt répondu :

LES GENS VOIENT LES ANGES À TRAVERS LEURS FILTRES PERSONNELS. DANS LE BUT DE NOUS HUMA-NISER, ILS PROJETTENT SUR NOUS DES TRAVERS HUMAINS. MAIS À LA VÉRITÉ, JE NE SUIS QU'AMOUR, TOUT COMME MES FRÈRES LES ANGES.

Comme un sage silencieux qui flotte en arrière-plan, Uriel est l'incarnation de l'expression « Il faut se méfier de l'eau qui dort ». Il a été nommé le prince du savoir et de la vérité, l'archange de la prophétie, l'archange de la transfor-mation et celui qui harmonise la substance se trouvant à l'intérieur et entre chaque corps. Il transmet beaucoup de sagesse et de guidance, il soutient la croissance intellec-tuelle et spirituelle et il encourage la contemplation et les conversations « profonde ». Il illumine les endroits som-bres — qu'ils soient en nous ou à l'extérieur de nous — pour favoriser la compréhension.

Beaucoup de gens croient qu'Uriel nous aide à composer avec les désastres naturels et les changements de la Terre, et que c'est lui qui a averti Noé du déluge imminent. Il est éga-lement censé avoir transmis aux êtres humains la kabbale et l'alchimie. Différentes couleurs sont associées à cet archange : le jaune pâle, le doré, le rouge, le brun, le noir et l'argent.

La nuit avant que je commence la présente section de mon livre, j'étais couchée dans mon lit et j'ai appelé Uriel… dans mon esprit bien entendu. Je ne voulais pas réveiller mon mari. Une lueur jaune est aussitôt apparue à quelques centimètres de mon visage. Et elle est devenue dorée en quelques secondes.

J'imagine que c'est toi, ai-je pensé. *J'ai le sentiment que tu es toujours près de moi, mais notre relation n'a jamais semblé très concrète. J'ai besoin de ton aide parce que je veux peindre un tableau le plus précis possible. Je suis ouverte à tout ce que tu voudrais me montrer.*

L'instant suivant, une multitude de lumières argentées ont scintillé au-dessus de moi, comme des paillettes sur du velours noir. J'avais l'impression de regarder des étoiles et que chaque « étoile » symbolisait un trésor de savoir ou une étincelle de divinité. Soudain, elles se sont mises à tomber comme des flocons de neige par une nuit calme. À environ 60 centimètres de mon visage, les « flocons » se sont transformés en petites plumes blanches. Puis, on aurait dit qu'un coup de vent a balayé les plumes sur mon visage. J'ai fermé les yeux juste à temps et j'ai senti l'impact d'une dizaine de petits pointes piquantes sur mes joues et sur mon front.

J'ai ouvert les yeux. Il n'y avait pas de traces de plumes, mais la lueur jaune pâle était de retour et elle flottait à environ 30 centimètres au-dessus de ma tête.

Je pouvais presque entendre les mots : *QUE DIS-TU DE CETTE EXPÉRIENCE CONCRÈTE ?*

Pas mal.

Animaux : le sanglier, le lézard, le phénix, le bélier, le rhinocéros et le léopard des neiges.

Symboles : un arc et une flèche, un chariot, un fouet enflammé, un éclair, une main ouverte qui tient une flamme, un parchemin enroulé, la balance de Thémis et une torche.

Le « Grand Quatuor » — Michel, Gabriel, Raphaël et Uriel — est une équipe de célébrités de la tradition des anges ; il est donc naturel que le bouche à oreille et les écrits fassent surtout référence à eux. Il existe aussi d'autres archanges moins connus mais tout aussi importants. Voici certains d'entre eux.

Ariel

Ariel protège l'équilibre de la nature et il est mentionné dans un bon nombre de textes mystiques, y compris le livre d'Esdras, dont la première version date autour de 400 ans av. J.-C. et *La clavicule du roi Salomon*, traduit des manuscrits anciens en 1889. Il travaille avec les archanges Chamuel et Raphaël pour guérir les êtres humains, les animaux et les plantes, et il est particulièrement impliqué dans la purification et la protection des plans d'eau. Dans son livre, *Archanges et maîtres ascensionnés*, Doreen Virtue indique qu'Ariel supervise les esprits de la nature appelés lutins et qu'il travaille étroitement avec Salomon, qui est maintenant un maître ascensionné. (Plus de détails sur les maîtres ascensionnés dans le chapitre 7.)

Animaux : tous, mais en particulier le lion, l'ours, le guépard, le faucon, le cheval, le corbeau et le zèbre.

Symboles : un javelot, des bijoux, une épée et un bouclier, l'eau et le vent.

Azraël

Mieux connu comme l'ange de la mort, Azraël est décrit comme étant grand, calme et sombre ; c'est l'archange posé qui a la responsabilité de délivrer les âmes de leur corps physique au moment de la mort. Dans un des textes phares de la médecine douce, *Le pouvoir bénéfique des mains*, la guérisseuse douée Barbara Brennan décrit Azraël comme étant « fort et beau » et non pas effrayant. Elle raconte une rencontre qui a eu lieu quand elle a aidé une femme qui était malade depuis longtemps et qui allait mourir deux jours plus tard. Apparemment, cette femme était la plupart du temps sortie de son corps — elle se trouvait avec un de ses guides spirituels — mais à un moment, elle a ressenti une douleur atroce. Brennan a aperçu Azraël qui était posté près des portes du paradis et elle lui a demandé pourquoi il n'aidait pas cette femme à mourir. Il lui a répliqué : « Je n'en ai pas encore reçu l'ordre. » Avec amour et compassion, Azraël réconforte le mourant et les personnes qui le pleurent. Il protège aussi les conseillers en deuil afin qu'ils n'absorbent pas le poids de la tristesse de leurs clients. Mais Azraël n'apparaît pas seulement quand une personne est à l'article de la mort. Il aide les gens qui ont peur de la mort ou de l'inconnu à surmonter leurs peurs et, comme Richard Webster l'affirme dans *L'encyclopédie des anges*, Azraël aide aussi les gens à explorer leurs vies antérieures.

Animaux : la chauve-souris, le scarabée, le papillon, la corneille, le dragon, le papillon de nuit, le corbeau et le vautour.

Symboles : une faux, un crâne, un pont, un squelette et un voile.

Cassiel

En tant qu'ange de la solitude et des larmes, Cassiel offre sa présence calme et rassurante aux personnes affligées par la tristesse. Certains le considèrent comme l'ange de la sobriété. Il peut aider les êtres humains à acquérir de la patience et à surmonter les revers et les difficultés de longue date. Il est également lié au karma et il aide les gens à comprendre la loi de cause à effet. Le livre *The Magus* de Francis Barrett, publié en 1801, comprend une illustration bien connue de Cassiel, avec une barbe foncée et une couronne sur la tête. Il chevauche un dragon et il tient une flèche dans sa main droite. Dans *Le code des anges*, Chantel Lysette dit qu'il est vêtu comme le membre d'un groupe de rock gothique. Elle raconte qu'un grand nombre de ses clients qui l'ont vu pour la première fois ont d'abord cru qu'ils rêvaient à des fantômes, à des vampires ou à des loups-garous; pourtant personne ne s'est senti menacé par ces images. Comme elle l'explique : «C'est le *modus operandi* de Cassiel — il utilise son aspect pour nous faire comprendre que l'extérieur ne signifie pas beaucoup dans le grand ordre des choses.» Cassiel me rappelle la comédie musicale *Le fantôme de l'Opéra*, en particulier la chanson «La musique de la nuit», où la nuit symbolise tout moment sombre que nous pourrions connaître. Cassiel nous aide à faire face aux moments difficiles et à trouver la beauté inhérente — aussi bien cachée qu'elle soit — dans le fait de ressentir tout le spectre des émotions humaines.

Animaux : la corneille, le dragon, la carpe koï, le corbeau, le léopard des neiges, le harfang des neiges, le moineau, l'araignée et le vautour.

Symboles : une flèche, une couronne, la pleine lune, un cimetière et une épée.

Chamuel

Chamuel, aussi appelé Camaël, supervise l'ordre et l'équilibre de la nature et il s'investit profondément dans la paix dans le monde. Il aide les êtres humains à comprendre et à renforcer leurs relations entre eux et avec la planète Terre. Il encourage aussi la détermination et la persévérance en nous et il nous ouvre des portes vers une carrière plus gratifiante. Chamuel ouvre aussi notre cœur à l'amour — *l'amour véritable* —, non pas à son imitation superficielle, mais à la vraie chose. Comme D. J. Conway l'affirme dans *Guides, gardiens et anges*, Chamuel nous aide à trouver le ou la partenaire qui nous convient. Dans *L'encyclopédie des anges*, Richard Webster nous recommande de faire appel à cet ange pour avoir plus de force, surtout quand des conflits surviennent dans nos relations. Doreen Virtue et Chantel Lysette décrivent Chamuel comme étant gentil, calme et aux manières discrètes.

Animaux : tous, mais en particulier la chèvre, la mante religieuse et le cerf (mâle adulte).

Symboles : une tige de bambou, un portail, une fleur de lotus et une épée.

Haniel

Haniel, aussi nommé Anaël, partage avec nous l'amour et la grâce de Dieu, peu importe les circonstances auxquelles nous sommes confrontés, et il peut nous redonner confiance en nous. Il peut aussi nous aider à utiliser nos habiletés naturelles de guérison et éveiller nos sens médiumniques, surtout la clairvoyance. Haniel travaille avec les êtres humains depuis des lustres et ses mouvements sont décrits comme étant fluides et élégants. Dans *Archanges et Maîtres ascensionnés*, Doreen Virtue le définit comme possédant « l'énergie d'une déesse de la Lune : elle est éthérée, calme patiente et mystique ».

Animaux : le cerf, la colombe et le moineau.

Symboles : les ailes d'un ange, des cristaux, un cœur, un arc-en-ciel et les rayons du soleil.

Jophiel

Aussi nommé Iophiel, cet archange est l'ange patron des artistes — qu'ils travaillent avec les couleurs, les textures, les mots ou les notes de musique — et de ceux qui exploitent leurs habiletés créatives. Il nous encourage à apprécier la beauté en nous et autour de nous. Il nous inspire aussi des idées et nous procure l'énergie pour compléter nos propres créations. De plus, il nous rappelle que dans notre vie mouvementée, nous avons tous besoin de faire des pauses pour « goûter aux plaisirs simples de la vie ».

Animaux : l'abeille, le bison, le couguar, la vache, le renard, la grenouille, le colibri, la panthère, le perroquet, le paon, le lion de mer, le phoque, le cygne et le tigre.

Symboles : un bâton de combat (médiéval) et des roses.

Métatron

Comme je l'ai déjà mentionné, Métatron est le gardien des archives akashiques ; on l'appelle aussi le « secrétaire de Dieu ». Il encourage le développement spirituel — chez les adultes et les enfants — et il peut nous aider à découvrir ou à comprendre davantage la géométrie sacrée. La géométrie sacrée s'intéresse à la signification cosmique des formes géométriques et aux croyances philosophiques et spirituelles qu'elle a inspirées. Les schémas sacrés universels — qu'on voit dans tout, allant du nautile à un tesseract (l'analogue quadridimensionnel du cube) et aux structures telles que les temples, les cathédrales et les mosquées — révèlent l'ordre mathématique et la nature holographique de l'univers. Métatron aime les enfants et il se soucie en particulier des garçons et des filles qui souffrent d'une forme d'autisme ou qui ont reçu un diagnostic de TDA (trouble déficitaire de l'attention) et de THDA (trouble d'hyperactivité avec déficit de l'attention). Dans *Archanges et maîtres ascensionnés*, Doreen Virtue affirme « qu'il aide les parents, les éducateurs, les scientifiques et les professionnels de la santé à trouver des solutions de rechange naturelles au Ritalin ainsi qu'aux autres psychotropes ».

Animaux : la fourmi, la grue, l'éléphant, le poisson rouge, le chaton, la souris, l'autruche, le chien de prairie, le chiot et la cigogne.

Symboles : des livres, des nuages, une bibliothèque, un stylo, un arc-en-ciel et une tunique.

Raguel

Parfois appelé l'ange de la justice et de l'équité, Raguel est le défenseur du souffre-douleur ; il aide la personne à se réapproprier son pouvoir et à se faire respecter. Raguel veille aussi à ce que tous les archanges travaillent ensemble comme s'ils étaient réglés comme une horloge. Il peut renforcer la foi d'un individu, promouvoir la coopération entre les membres d'une famille ou d'un groupe et il offre même des conseils juridiques. Raguel est un grand détecteur de la malhonnêteté et, comme D. J. Conway l'affirme dans *Guides, gardiens et anges*, il peut nous aider à voir au-delà des apparences.

Animaux : l'antilope, le chameau, le singe, l'éléphant, la souris, le bœuf, le coucou terrestre de Californie et le martinet.

Symboles : des livres, la plume et l'encrier.

Jérémiel

Aussi appelé Ramiel, cet archange est décrit dans un texte judaïque du premier siècle comme étant l'ange « qui préside aux visions véritables». (Apocalypse de Baruch 55,3.) En tant que tel, il peut vous aider à comprendre les rêves médiumniques, en particulier ceux qui prédisent des événements futurs. Après tout, il est «l'aide bibliothécaire» de Métatron et il a accès aux archives akashiques. Il est également reconnu pour aider les âmes qui viennent de traverser dans l'Au-delà à passer en revue leur vie la plus récente. Dans *Phénomènes*, Sylvia Browne indique que cette révision se produit en trois dimensions, dans un «scanneur» qu'elle décrit comme un grand dôme en verre bleu dans le Palais de la Sagesse. Dans ce dôme, nous passons en revue chaque moment de la vie que nous venons de compléter; nous sommes alors hyper conscients de la façon dont nos décisions ont affecté les gens autour de nous et nous voyons si nous avons atteint les objectifs que nous nous étions fixés avant notre naissance. Le processus consiste davantage à réfléchir et à prendre conscience de nos actions que de juger, et Jérémiel peut nous aider à évaluer notre vie avant même que nous traversions dans l'Au-delà afin d'apporter les changements positifs qui profiteront à tous.

Animaux : le hibou, l'écureuil, le rat des bois.

Symboles : un calendrier, un sablier et un cadran solaire.

Raziel

Raziel connaît tous les secrets de l'univers et comment celui-ci fonctionne. Il peut vous éclairer sur n'importe quel sujet qui pourrait vous intéresser, de la géométrie sacrée à la mécanique quantique et aux lois de la manifestation (l'art de faire en sorte que les besoins et les désirs d'un individu sont comblés — ou la pratique spirituelle de créer ou d'attirer ce qu'il désire). Il encourage les gens à «penser autrement» et à développer des idées originales, mais ses messages sont plutôt cryptés. Dans *L'encyclopédie des anges*, Richard Webster le décrit comme portant une tunique grise «qui semble plus liquide que solide». De même, dans *Le code des anges*, Chantel Lysette le voit comme une figure énigmatique dissimulée sous un capuchon qui «se tapit dans les paysages des rêves, semant çà et là des bribes de sagesse et des aperçus de vérités ésotériques». Ayant rencontré Raziel dans des rêves et une fois en apparition dans le monde éveillé, je suis d'accord avec ces descriptions, et ce que Doreen Virtue dit de lui, à savoir qu'il est subtil, intelligent et gentil. Il a beau être profond, il est également agréable.

Animaux : le caméléon, l'anguille, le renard, la panthère, le corbeau, le scorpion, le serpent et l'araignée.

Symboles : une lame, une dague, une cape, une clé, le trou d'une serrure, la brume, la fumée et un voile.

Sandalphon

L'étymologie de son nom n'est pas claire, mais il existe deux suppositions : le nom vient du grec *sandalion* («sandale», ce qui signifie «celui qui porte des sandales»); ou il s'agit du préfixe grec *sym-* ou *syn-* («ensemble») accolé à *adelphos* («frère»), ce qui se rapproche de la signification «confrère». En fait, Sandalphon est connu comme étant le frère jumeau de l'archange Métatron. Décrit comme extrêmement grand — il s'étire de la Terre au Ciel —, il serait le chef des anges gardiens et il transmet les prières humaines à Dieu. Il est également responsable de la vie de tous les oiseaux, ce qui semble aller avec son attitude joyeuse, et il plaît à l'enfant intérieur en nous. Dans *Le code des anges*, Chantel Lysette écrit : « Cet ange a été l'une des influences spirituelles du Dieu romain Cupidon. Alors ressentir une légère euphorie que *tout va pour le mieux dans le meilleur des mondes* n'est pas inhabituel en sa présence. »

Animaux : tous les oiseaux, mais en particulier le canari, le coyote, le chien, la loutre et le porc-épic.

Symboles : des bonbons, des jeux, une harpe et des cadeaux enveloppés.

Zadkiel

Considéré comme l'archange de la compassion, Zadkiel nettoie le chakra du cœur de tout débris émotionnel et ils nous aident à nous pardonner et à pardonner aux autres. Il nous encourage à voir au-delà de la superficialité de l'ego et des bourdes comportementales de manière à percevoir l'étincelle divine qui se trouve en chacun de nous. Il encourage ainsi la compassion, la tolérance et l'acceptation. Il peut aussi améliorer notre mémoire et encourager l'abondance de toute sorte, y compris financière. Avec l'archange Michel, il neutralise les énergies négatives.

Animaux : le chameau, l'âne, la colombe, l'éléphant, la chèvre, le bœuf et le mouton.

Symboles : des livres, un parchemin enroulé, le bâton du berger et une flamme violette.

Vous avez sans doute remarqué que la plupart des noms des archanges se terminent en «el». *El*, un des noms hébreux pour Dieu, a pour racine un mot qui signifie «puissance, force, pouvoir» et on croit qu'il s'agit d'un dérivé du terme provenant de l'ancienne cité Ougarit pour signifier dieu. Quand le suffixe est intégré aux noms des archanges, il signifie « de Dieu».

Les archanges pourraient avoir des fonctions spécifiques et des personnalités identifiables, mais en fin de compte, ils ne sont que des aspects de la source primaire. Nous ne pourrions demander un meilleur pont pour entrer en contact et nous harmoniser avec sa sagesse et son énergie bienveillante.

Comment entrer en contact avec les anges

Il est temps de discuter de ce qui, pour moi, constitue les quatre éléments essentiels pour entrer en contact avec les anges et les quatre éléments favorisants qui vont grandement améliorer votre relation — et rendre plus claires vos communications — avec les anges, les gardiens, les guides et tout autre esprit avec qui vous aimeriez entrer en contact.

Élément essentiel n° 1 : croire aux anges

Les anges existent bel et bien. Le théosophiste Geoffrey Hodson a partagé sa vision d'un ange nommé Bethelda dans *La fraternité des anges et des hommes*, publié pour la première fois en 1927. Il a rencontré Bethelda pendant qu'il méditait sur une colline, dans le Gloucestershire. Le ciel et sa conscience se sont remplis de la lumière de l'amour et de la sagesse de l'ange; ce dernier a révélé à Hodson de l'information sur la coopération entre les anges et les hommes. Voici un petit extrait de ce que Bethelda avait à dire :

> Les anges viennent à chaque homme et à chaque femme de tous les milieux dans les mondes inférieurs. Portant leur parfum, l'arôme de l'extase éternelle, ils éveillent dans le cœur de chaque homme un désir pour ce bonheur éternel; ils disent aux humains qu'ils possèdent une maison céleste. Ils leur montrent, dans le miroir de l'esprit, le reflet de leur moi céleste — la vision de leur propre immortalité. [...]
>
> Les membres de l'armée angélique flottent au-dessus des têtes de toutes les congrégations; ils se tiennent aux côtés de chaque prêtre. Et pourtant, combien de fois les barrières élevées par l'esprit humain les empêchent d'accéder aux hommes! Laissez le prêtre et la congrégation ouvrir l'esprit des hommes afin qu'ils reconnaissent notre présence parmi eux. Bientôt, certains vont commencer à entendre le battement de nos ailes, à sentir un pouvoir accru dans leur travail et, plus tard, une plus grande joie dans leur vie. [...]
>
> Notre sphère d'utilité envers Dieu sera agrandie en partageant les vôtres; vos vies seront enrichies; votre monde deviendra joyeux grâce à l'inauguration de la fraternité des anges et des hommes.
>
> Ce qui est primordial de votre côté, c'est de croire en notre existence. [...]

Élément essentiel n° 2 :
prendre conscience que les anges sont partout

Si votre vision des anges est seulement celle d'êtres qui font des loopings dans un « paradis » lointain, vous devriez l'élargir un peu — ou beaucoup. Les anges sont partout. À l'intérieur et à l'extérieur. À l'opéra, au football et au parc aquatique. Au travail, à l'école et à la maison. Et, oui, il m'est arrivé à plusieurs occasions d'en voir dans la salle de bain.

En raison de nos vies effrénées, il est facile d'oublier que les anges sont autour de nous. Voilà pourquoi il est utile d'avoir des objets qui nous rappellent leur présence. Vous pouvez accrocher une illustration représentant un ange dans votre maison ou placer la statue d'un ange dans votre jardin. Les figurines d'anges, les livres sur les anges et la musique qui semble angélique ou céleste sont également populaires. Si vous planifiez de communiquer régulièrement avec les anges, vous pouvez désigner un « espace sacré » pour le faire. Tout endroit où vous vous sentez en paix, en sécurité et près du Divin conviendra ; qu'il s'agisse d'un endroit confortable sous votre chêne préféré, d'une chaise berçante dans un coin tranquille ou d'un autel parfumé par des fleurs ou de l'encens et décoré avec des chandelles et des cristaux. À vous de choisir.

Cependant, les anges n'ont besoin d'aucun de ces objets pour entrer en contact avec nous. Pas plus qu'ils n'insistent pour que nous fassions des rituels, des prières ou des méditations spécifiques. Ce sont simplement des outils pour *nous* aider à nous sentir en contact avec eux et à être ouverts à la communication. À la fin de la journée, le vrai espace sacré se trouve en vous et vous pouvez y aller en tout temps, où que vous soyez.

Les anges sont parmi nous, peu importe les circonstances. Mais comme Sylvia Browne le souligne dans *Phénomènes*, plus nous sommes ouverts, généreux et spirituellement conscients, plus nous attirons une grande quantité d'anges.

**Élément essentiel n° 3 :
vouloir entrer en contact et communiquer avec les anges**

Rappelez-vous que, contrairement à ce qui est souvent dit, ce n'est pas compliqué d'entrer en contact et de communiquer avec les anges. Les objets qui nous rappellent leur présence, les rituels, les prières et les méditations spécifiques fonctionnent vraiment, mais ce qui est le plus important, c'est votre volonté d'avoir et de développer une relation avec eux. Tout comme nos relations avec les êtres humains, le rapport s'intensifie à chaque fois que nous passons du temps avec les anges. Parlez-leur comme vous parleriez à un ami, durant les bons et les mauvais moments. Les anges peuvent certainement vous aider lorsque vous vivez une crise, mais si ce n'est que dans un tel moment que vous essayez d'entre en contact avec eux, votre peur et votre panique pourraient noyer leurs messages de réconfort. Pourquoi vous limiter à une simple connaissance quand vous pourriez vous en faire un ami ?

Chantel Lysette exprime le même sentiment dans *Le code des anges* et elle suggère d'inviter les archanges aux fêtes et aux réunions. Vous pouvez même les inclure dans vos activités courantes comme regarder des films. Sans vous en rendre compte, vous entrerez couramment en contact avec les anges par simple habitude.

L'information sur les anges peut sembler lourde à assimiler au début, mais vous n'avez pas à vous stresser. Il est bien sûr merveilleux d'utiliser le nom approprié d'un ange, mais à la limite, vous pouvez faire comme D. J. Conway l'a suggéré : par exemple, appeler l'ange des voyages pour vous aider. Richard Webster suggère que vous demandiez à votre ange gardien de vous mettre en contact avec l'ange approprié pour la tâche à accomplir. Doreen Virtue enseigne qu'une fois que vous avez demandé l'aide des anges, la Loi de l'Attraction — selon laquelle nous attirons à nous ce à quoi nous pensons, un peu comme un photocopieur universel — agit et attire automatiquement à vos côtés l'ange ou les anges qui peuvent le mieux répondre à vos besoins actuels.

Toutes ces méthodes fonctionnent. Alors ne vous laissez pas décourager par les noms compliqués et les différentes associations. Ce qui compte, c'est votre volonté d'entrer en contact avec eux.

Élément essentiel n° 4 : vous rappeler que votre véritable vrai moi est un esprit

La plupart des gens le savent déjà, mais pour une raison quelconque, beaucoup ont encore peur quand ils pensent aux fantômes (encore sur la Terre) ou aux esprits (dans l'Au-delà). Sachez ceci : nous sommes tous des esprits — « morts » ou vivants. Yoda, le maître Jedi rempli de sagesse dans la saga de *La guerre des étoiles*, l'exprimait à merveille : « Nous sommes des êtres lumineux et non pas cette matière brute. » Malgré cela, nous nous habituons tellement à notre existence terrestre tridimensionnelle que nous oublions que notre véritable essence est celle d'un esprit.

Oui, vous êtes présentement lié à un corps. Vous n'en êtes pas moins un esprit immortel qui est intimement et inextricablement lié au monde des esprits. Ce monde — dans lequel nos anges, nos anges gardiens et nos guides vivent et se déplacent — n'est qu'une autre dimension parallèle à la nôtre. L'énergie vibratoire est la clé pour comprendre les différentes dimensions et la raison pour laquelle la plupart des gens voient plus facilement les fantômes que les anges ou les autres esprits.

Tout — des molécules aux particules quantiques subatomiques — vibre en raison de l'énergie qu'il contient. C'est un fait scientifique et non de la science-fiction ou une notion du Nouvel Âge. Plus la vibration est élevée, plus la dimension l'est. En règle générale, il est plus facile de voir les choses dont la fréquence vibratoire se rapproche le plus de la nôtre.

Le meilleur exemple de ce principe est l'analogie avec un ventilateur de plafond. Quand elles sont immobiles, les pales pleinement visibles du ventilateur représentent notre corps physique qui vibre à une fréquence peu élevée. Si vous faites fonctionner le ventilateur à la vitesse la plus basse, l'image des pales ondule et commence à disparaître. Il en est de même pour les fantômes dont la fréquence vibratoire est plus élevée que la nôtre tout en étant relativement basse. Passez à la vitesse moyenne et les pales semblent disparaître. Il en est de même avec les esprits dont les vibrations sont encore plus élevées. La plus grande vitesse du ventilateur représente la vibration la plus élevée, celle des anges ; elle nous est complètement invisible sauf si nous élevons notre propre vibration — au moyen de la méditation ou en augmentant notre conscience spirituelle — ou s'ils abaissent la leur pour prendre une forme humaine.

Rappelez-vous simplement que nous sommes également des esprits. Notre corps physique pourrait avoir des limitations, mais notre esprit possède un potentiel illimité. Ce qui s'applique dans la dimension spirituelle s'applique aussi à nous ; seulement, dans des circonstances « normales », nous n'en faisons pas l'expérience ou nous ne sommes pas conscients que nous en faisons l'expérience.

Entrez dans le monde paranormal, le monde des esprits dont vous faites partie. Dans le cas qui nous préoccupe, les plus importantes facettes de ce monde sont les quatre éléments favorisants dont j'ai déjà parlé. Il s'agit de l'amour inconditionnel, de la liberté, du temps non linéaire et de la non-localité de l'esprit. Ils vont main dans la main et une fois que vous aurez saisi ceci, toute votre vision des anges, des anges gardiens et des guides — et votre relation avec eux — va s'élargir.

Élément favorisant n° 1 : l'amour inconditionnel

L'amour inconditionnel signifie que vous aimez *sans conditions*. C'est le genre d'amour qui émane de plus en plus de la source de la création. En tant que prolongements de cette source, les anges baignent constamment dans sa chaleur et son éclat, alors tout est bien de leur point de vue. « L'agonie et l'extase » de la condition humaine — nos joies et nos peines, notre force et notre fragilité, nos bêtises et nos pires comportements, et même nos moments les plus triviaux — se mélangent en un grand continuum étreint et soutenu par le miracle de l'amour inconditionnel.

Croyez-moi, je pourrais dresser la liste de mes défauts et me détourner de mon reflet qui m'horrifie autant que vous pourriez le faire face à vos propres défauts. Mais les anges n'y accordent aucune importance, excepté qu'ils sont prêts à nous aider à nous en débarrasser pour que nous puissions continuer de suivre notre voie respective.

Alors ne craignez pas que les anges ne vous aiment pas parce que vous êtes trop ceci ou trop cela, ou parce que vous avez fait une chose que vous ou le monde trouvez impardonnable. Soyez honnête quand vous communiquez avec eux. Ils vous connaissent déjà — mieux que vous puissiez l'imaginer — grâce à votre signature énergétique unique. Vous ne les décevrez pas et ils ne vous jugeront pas. En vérité, la plupart des gens sont plus durs envers eux-mêmes que n'importe quel être de lumière le serait. Les anges, les gardiens et les guides ont une vision aimante qui est si globale qu'elle efface nos erreurs et contrebalance toute négativité, ce qui nous permet au bout du compte de nous rappeler et de nous réapproprier notre véritable essence.

Ce que vous devez au moins savoir à propos de l'amour inconditionnel : vos anges, vos gardiens et vos guides vous aiment peu importe ce que vous avez pensé, dit ou fait, et ils se fichent de votre apparence physique. Détendez-vous et restez vous-même.

Élément favorisant n° 2 : la liberté

Dans *Conversations avec Dieu* (tome 3) de Neale Donald Walsch, «Dieu» dit : «Toute tentative de restreindre l'expression naturelle de l'amour est un reniement de l'expérience de la liberté — et donc, un renoncement de l'âme même. Car l'âme *est* la liberté personnifiée. Dieu *est* liberté, par définition — car Dieu est sans limite et sans restriction d'*aucune* sorte. L'âme est Dieu en miniature. »

Dans son livre *Manifest Your Destiny*, Wayne Dyer affirme : « L'esprit universel imprègne tout l'espace et tout ce qui se manifeste, et nous en faisons tous partie. Il ne peut pas avoir de « préférés » s'il est la racine et le soutien de toute chose et de tout le monde. Dépourvu d'individualité, il ne peut pas être en conflit avec vos désirs. Étant universel, il ne peut pas être simplement coupé de vous. »

L'amour inconditionnel éternel et englobant fait tourner le monde et permet à l'univers d'être en expansion selon sa volonté. Remarquez les trois derniers mots de la phrase précédente. SELON SA VOLONTÉ.

SELON NOTRE VOLONTÉ.

En disant cela, je n'ignore pas ce que les gens appellent la « volonté de Dieu ». Et pourtant, nous sommes beaucoup plus libres que ce que la plupart des gens croient. Nous sommes libres de percevoir le monde comme nous le voulons, de découvrir qu'il est à la fois objectif et subjectif. Nous sommes libres de cocréer notre réalité, de faire l'expérience de tout ce que notre âme choisit de vivre.

Cette liberté de perception et de création est précisément la raison pour laquelle personne n'a entièrement raison lorsqu'il s'agit de discuter des questions spirituelles ou de *tout autre* sujet. Nous avons tous un filtre personnel à partir duquel nous interprétons l'univers et notre parcours de vie est déterminé par ce sur quoi nous focalisons notre attention. Voilà pourquoi les sages et les mystiques de l'histoire de l'humanité nous ont rappelé ceci : nous vivons dans l'univers, mais l'univers entier vit également en nous.

Recherchez le bien et vous le trouverez. Attendez-vous au mal et il se produira tel que prévu. Si vous croyez de tout votre cœur que les anges portent des tutus, ne soyez pas surpris s'ils choisissent ce costume quand ils vous apparaîtront afin que vous puissiez mieux les reconnaître. Si la moindre pensée de la mort vous terrifie parce que vous croyez que vous méritez une place au premier rang en enfer, vous pourriez vraiment avoir la peur de votre vie durant une expérience de mort imminente et souffrir de cette illusion dans la dimension astrale. Mais même les individus les plus têtus ont perdu cette illusion et ont fini par remercier des anges tels qu'Azraël, Zadkiel et les puissances.

Mais pourquoi vous obliger à vivre cela ? Notre source énergétique, c'est-à-dire Dieu, ne l'exigerait jamais. Comme Shakespeare l'a écrit : « L'amour n'est point l'amour s'il change en trouvant ailleurs le changement. » Tout amour qui n'est pas inconditionnel est une pâle imitation.

Le libre arbitre est l'expression suprême de l'amour inconditionnel et un cadeau impossible à rendre. Il est tellement sacré que les anges, les gardiens et les guides ne l'enfreindront pas. Ils peuvent faire des suggestions et travailler en coulisses, mais ils ne choisissent jamais pour nous. Et à moins que nous demandions leur aide — directement ou avec une prière —, les maîtres ascensionnés et les anges n'interviendront pas sauf s'ils doivent rescaper un individu d'une mort prématurée.

Que faisons-nous de toute cette liberté ? Selon « Dieu » dans le livre *L'amitié avec Dieu*, de Neale Donald Walsch, nous nous recréons constamment. « Bien des gens ne comprennent pas cela. Ils ne voient pas que c'est ce qui est en train de se passer, que c'est ce qu'ils sont en train de faire. Ils ne savent pas que c'est, en fait, *le but de toute vie.* Ils ne savent pas cela et ne réalisent pas à quel point chaque décision a de l'importance et entraîne des répercussions. Chaque décision que tu prends — *chacune d'elles* — ne concerne pas ce qu'il faut faire, mais qui tu *es.* Dès que tu vois cela, dès que tu comprends, tout change. Tu commences à voir la vie d'une nouvelle façon. Tous les événements, les faits et les situations deviennent des occasions de faire ce que tu es venu faire ici. »

Les anges voient à travers l'illusion — ces costumes d'Halloween que sont notre corps et notre ego — et ils savent qui nous sommes vraiment. Ils connaissent notre véritable potentiel et ils veulent nous aider à l'atteindre.

Ce que vous devez au moins savoir à propos de la liberté : vous êtes un être créatif. Vos choix déterminent qui vous êtes et vos anges, vos gardiens et vos guides ne prendront jamais de décisions à votre place. Ils vous feront des suggestions, mais ils respecteront toujours votre liberté, même quand ces choix deviennent des « erreurs ». Durant les moments difficiles, ils vont demeurer à vos côtés, amortir votre chute et vous aider à comprendre pourquoi vous avez reçu une leçon en particulier pour vous aider à grandir.

Élément favorisant n° 3 : le temps non linéaire

David Bohm, le brillant physicien quantique qu'Albert Einstein considérait comme son successeur, a affirmé que l'univers était un énorme hologramme remarquablement détaillé. Grâce à un certain nombre d'expériences — dont beaucoup ont fait la preuve de l'intrication quantique qui démontre qu'il existe une synchronicité des événements et que les particules communiquent entre elles en une fraction de seconde (plus vite que la vitesse de la lumière), peu importe la « distance » entre elles — et le soutien de scientifiques éminents tels que le neurophysiologiste Karl Pribram et le physicien F. David Peat, la théorie de Bohm est acceptée par de plus en plus de gens.

Le modèle holographique de l'univers remet entièrement en question notre compréhension fondamentale (notre illusion quotidienne) du temps, de l'espace et de la matière. Il explique aussi les lois universelles comme la Loi de l'Attraction et une foule de phénomènes « surnaturels », comme la télépathie et les sens médiumniques (dont nous parlerons dans le prochain chapitre). Et ce n'est pas seulement une théorie : l'intrication quantique est déjà utilisée dans le cryptage, l'informatique quantique et la téléportation quantique.

Mettons de côté un moment notre perception et notre utilisation de la chronologie afin de discuter de ce qui se produit vraiment. Dans notre univers holographique, le temps est non linéaire, ce qui signifie qu'il n'avance pas dans une direction à un rythme régulier. Il est plutôt simultané : le passé, le présent et le futur fusionnent dans le « maintenant éternel ». Ainsi, notre esprit « prend de l'expansion » pour englober et faire l'expérience de nombreuses vies simultanées. Voilà pourquoi les émotions et les souvenirs d'autres vies peuvent se fondre à nos émotions et nos souvenirs actuels et pourquoi les guides, les gardiens et les autres esprits associés à ces vies — « passées » et « futures » — apparaissent dans notre réalité présente.

C'est également la raison pour laquelle nos anges et nos guides sont si importants. Ils travaillent en dehors de la conscience liée au temps. Ils peuvent voir la conséquence de chaque choix que nous faisons parce que tout cela — chaque potentiel — existe *maintenant* et ils ne sont pas distraits par les illusions linéaires.

Dans *L'amitié avec Dieu*, Neale Donald Walsch décrit la structure comme étant semblable à un cédérom géant. «Chaque résultat possible a déjà été "programmé". Nous vivons le résultat que nous produisons au moyen des choix que nous effectuons — c'est comme jouer aux échecs avec un ordinateur. Toutes les manœuvres possibles du jeu existent déjà. Le résultat que l'on vivra dépend du potentiel que l'on choisira.» Les archives akashiques sont constamment mises à jour, selon les choix que nous faisons à partir de notre libre arbitre.

Les anges sont pleinement conscients de cette structure et ils peuvent facilement accéder à chaque potentiel préprogrammé. Parce qu'ils voient l'ensemble du temps comme étant maintenant, ils savent exactement comment nos choix vont affecter les personnes concernées et, au bout du compte, l'univers entier.

Ce que vous devez au moins savoir à propos du temps non linéaire : le passé et le futur sont des illusions ; tout se produit MAINTENANT. Du point de vue linéaire, vous avez choisi les nombreux aspects de votre vie avant votre naissance, mais vous ne cessez jamais de cocréer votre destin avec vos pensées, vos paroles et vos actions. En ce moment même, tout ce que vous avez désiré être ou serez est possible parce que CELA SE PRODUIT MAINTENANT. Les anges — qui agissent en étant conscients du maintenant éternel — connaissent les moindres détails de vos créations potentielles ; ils vous donnent donc de bons conseils et vous guideront éventuellement pour que vous accomplissiez le destin que votre âme éternelle a choisi.

Élément favorisant n° 4 : la non-localité de l'esprit

Nous savons tous que nos choix affectent toute personne directement concernée par eux, mais vous pourriez vous demander pourquoi et comment « le petit être humain que vous êtes » peut affecter l'univers entier. Un parfait exemple de ce concept se trouve dans une citation du film *Excalibur*, datant de 1981, que certains d'entre vous se rappellent peut-être. Le personnage de Merlin dit : « Quand un homme ment, c'est une part de notre monde qu'il assassine. »

Cette idée n'est pas nouvelle ; il s'agit d'une ancienne sagesse qui correspond parfaitement à la nature holographique de la réalité — où tout forme un grand tout — et qui nous aide à comprendre que l'esprit est sans limites et sans restrictions spatiales, en d'autres mots, *non local*. Comme l'explique Deepak Chopra : « Imaginez l'océan comme une réalité non locale, le champ de possibilités infinies, le niveau virtuel de l'existence qui synchronise tout. Chacun d'entre nous est comme une vague dans cet océan. Nous sommes créés à partir de lui et il constitue l'essence de qui nous sommes. Tout comme une vague a une forme spécifique, nous adoptons nous aussi des schémas complexes de la réalité non locale ».

Peu importe la forme et la grosseur de la vague, elle est toujours composée de l'eau de l'océan. Et peu importe la « forme » ou l'identité d'un esprit, il conserve son essence non locale (non limitée). Il peut être à plus d'un endroit à la fois… en fait, en autant d'endroits qu'il le désire.

Regardez les hologrammes. Chaque partie individuelle contient toute l'information du grand tout ; chaque partie est essentiellement le grand tout. De ce point de vue, quand vous attirez ou avez accès à quelque chose « d'autre » — un animal, un partenaire amoureux ou un ange — vous attirez ou avez accès à quelque chose qui fait déjà partie de vous. Quand vous aidez ou blessez quelqu'un, vous aidez ou blessez non seulement vous-même mais aussi le grand tout. Notre connaissance inhérente de cette union inséparable, ainsi que les rappels fréquents par les anges et les guides, ont inspiré cette règle d'or (soit celle de ne pas faire aux autres ce que nous ne voudrions pas qu'ils nous fassent), de même que des variantes de celle-ci, à de nombreuses cultures anciennes et à presque chaque religion documentée. Les instructions de Jésus disant « ce que vous faites au plus petit des miens, vous le faites à moi-même », en est un exemple.

La perception d'un unique hologramme géant de Ralph Waldo Emerson — même s'il n'a pas utilisé ce terme — est apparu dans son essai de 1841, *The Over-Soul*. Il l'a décrit comme étant « cette formidable nature dans laquelle nous reposons, comme la Terre repose dans les tendres bras de l'atmosphère ; cette Unité, cette Âme suprême, qui contient chaque particule de chaque être humain qui forment ensemble un grand tout ; ce cœur commun ».

Il poursuit en disant : « Nous vivons successivement en divisions, en parties et en particules. Pendant ce temps, l'âme du grand tout, le sage silence, la beauté universelle à laquelle chaque partie et chaque particule sont reliées de manière égale, le TOUT éternel, se trouve dans chaque être humain. Et ce pouvoir profond dans lequel nous existons, et dont la béatitude est accessible à tous, est non seulement autonome et parfait à toute heure, mais l'acte de voir et la chose vue, le spectateur et le spectacle, le sujet et l'objet ne font qu'un. Nous voyons le monde morceau par morceau, le soleil, la lune, l'animal, l'arbre, mais le grand tout, dont ils sont les parties brillantes, est l'âme. »

Cette âme suprême ou cet hologramme géant — dont vous faites partie — est partout à la fois (non local). C'est votre véritable moi : votre esprit. Et devinez quoi ? *Votre conscience est liée à cette âme.*

Les descriptions d'expériences hors du corps et de voyages astraux sont nombreuses et les personnes qui ont le courage d'admettre l'existence de tels événements s'entendent pour dire qu'un esprit peut parcourir n'importe quelle distance en un clin d'œil. Il suffit de penser à une personne, à un lieu ou à une chose, et ta-dam ! — c'est juste là, ou c'est vous qui y êtes en esprit. Notre corps est peut-être « local », mais notre esprit ne l'est pas.

Je sais que cela peut sembler ahurissant. Mais notre esprit fait vraiment tourner beaucoup de ballons en même temps et, parfois, nous pouvons le surprendre en train de le faire !

Je parle de bilocation, bien que « bi » soit un préfixe signifiant deux et que l'esprit peut se trouver en un nombre infini d'endroits en même temps. Même un mot inventé comme « multilocation » serait insuffisant, alors nous allons nous en tenir à l'expression « bi ».

La bilocation — un phénomène observé par des physiciens quantiques et des gens ordinaires — fait partie intégrante du monde des esprits. Cela ne se produit pas seulement quand nous méditons ou que nous dormons, ou même quand nous en sommes conscients. J'ai observé à plusieurs reprises ce phénomène — que ce soit de mes propres yeux ou par le témoignage d'autres personnes — et l'histoire foisonne de ce qu'on appelle les doubles fantomatiques (ou *doppelgangers*) : Elizabeth Ière, sœur Marie de Jésus, Percy Bysse Shelley et Sir Frederic Carne Rasch, pour n'en nommer que quelques-uns.

Tout comme notre véritable moi (notre esprit), les anges, les gardiens et les guides peuvent être partout à la fois, en un instant. Il est essentiel de le savoir pour pouvoir travailler avec eux. Pourquoi ? Parce qu'un grand nombre de personnes craignent d'importuner les archanges, les anges, les maîtres ascensionnés et même les guides spirituels avec leurs problèmes « triviaux ». Certaines ne croient même pas qu'elles méritent un soutien spirituel.

À l'autre bout du spectre, il y a les personnes qui croient tellement que tout leur est dû qu'elles pensent qu'elles ont le monopole sur l'attention et l'aide d'esprits spécifiques. C'est tellement faux ! Il est vrai qu'une personne qui se concentre avec toute son énergie sur un ange ou un esprit spécifique va finir par plutôt bien connaître cet être et elle pourra compter sur son aide ou sa compassion dans une mauvaise situation. Cependant, l'amour et la reconnaissance ne sont pas réservés à quelques « heureux élus ». La porte est ouverte à tous.

Faites appel à eux et vous serez entendu. Cherchez et vous trouverez.

Les anges et les autres esprits ne sont pas limités par le temps, l'espace ou une chose aussi négligeable que le nombre. Alors la prochaine fois que vous vous sentirez seul ou trop insignifiant pour attirer l'attention des archanges, détrompez-vous. Quand vous croyez que votre compagnie va déranger un ange ou un être bienveillant, détendez-vous. Ils peuvent être avec autant de personnes qui réclament leur présence.

Nous sommes tous des esprits et tous les esprits sont liés ensemble. Quand vous faites appel au monde des esprits — même en pensée —, il répond « présent ». Lorsque nous faisons appel à nos anges, à nos gardiens et à nos guides, ils nous entendent parce que nous ne faisons qu'un et que nous sommes capables par nature d'être n'importe où, à n'importe quel moment, quand notre esprit en a besoin.

En un instant.

Tous en même temps.

Ce que vous devez au moins savoir à propos de la non-localité : les anges peuvent être *en même temps* avec tout le monde et avec tout ce qui a jamais existé ou existera jamais parce que l'esprit est non local. Faites appel à eux chaque fois que vous le désirez. Ils vont toujours vous entendre et s'envoler à vos côtés aussi vite que l'éclair.

Alors, pour récapituler, il y a quatre **éléments essentiels** pour entrer en contact avec les anges :

- Croire en eux.

- Prendre conscience qu'ils sont partout.

- Vouloir entrer en contact et communiquer.

- Vous rappeler que vous êtes un esprit.

De plus, il existe quatre **éléments favorisants** qui renforcent cette connexion :

- L'amour inconditionnel.

- La liberté.

- Le temps non linéaire.

- La non-localité de l'esprit.

5

Comment communiquer avec les anges

Vous n'êtes pas obligé d'être un médium professionnel pour communiquer avec les anges. Tout le monde peut le faire parce que chacun d'entre nous est né avec un don médiumnique. Voyez-le comme votre droit de naissance spirituel. Il peut être enfoui si profondément en vous que vous devrez l'excaver, mais il est toujours là en attente d'être utilisé.

Dans *Conversations avec Dieu* (tome 3) de Neale Donald Walsch, « Dieu » dit : « Le pouvoir médiumnique n'est que la capacité de sortir de votre expérience limitée pour arriver à une vision élargie. De prendre du recul. De sentir plus que ce que sentirait l'individu limité que vous vous imaginez être. D'en savoir plus long que lui ou elle n'en saurait. C'est en fait la capacité de puiser à même la *vérité plus grande* qui vous entoure ; de sentir une énergie différente. »

Ce pouvoir médiumnique se manifeste de différentes façons, surtout par l'entremise des sens médiumniques connus comme les quatre « clairs » :

1. **La clairvoyance (voir clair)** — la faculté de voir des choses invisibles à l'œil nu ou qui viennent d'une autre dimension : des auras, des chakras (les centres énergétiques du corps humain), des phénomènes ou des problèmes de santé à l'intérieur du corps, des objets ou des événements du passé, des événements du futur, ainsi que des fantômes, des anges ou d'autres habitants du monde des esprits aperçus dans les rêves, avec les yeux ou dans des visions — qu'il s'agisse d'images statiques ou animées — qui ont surgi dans notre esprit.

2. **La clairaudience (entendre clairement)** — la faculté d'entendre de la musique, des voix — qui peuvent sembler comme notre propre voix ou celle de quelqu'un d'autre — ou d'autres sons qui proviennent d'une autre dimension.

3. **La clairsentience (sentir clairement)** — la faculté de sentir des pensées, des messages, des émotions ou des sensations physiques — surtout celles d'une autre personne — sous forme de sensation émotionnelle ou physique. Cela comprend l'instinct, l'intuition et les sensations corporelles telles que les changements de température ou de pression atmosphérique, les chatouillements, les frissons (même quand il fait excessivement chaud) ou les caresses faites par des invités invisibles, bref tout ce qui

fait de vous le baromètre humain d'une activité paranormale.

4. **La claircognition (savoir clairement)** — la faculté de recevoir de l'information ou des idées, ou l'impression de savoir spontanément une chose, souvent en provenance des archives akashiques; les personnes dotées de cette faculté savent simplement la chose, sans vraiment pouvoir en expliquer la raison.

Les anges — en fait, tous les esprits — peuvent utiliser les quatre sens médiumniques pour communiquer avec nous. Et rappelez-vous que *nous* sommes également des esprits; nous pouvons donc entrer en contact entre nous avec nos sens médiumniques. Nous ne comprenons pas toujours le « message ». À d'autres occasions, nous le recevons à répétition, mais nous choisissons de l'ignorer. Nullement découragées, nos aides éthérées continuent d'envoyer des messages, mais elles demeurent toujours positives et aimantes.

Si vous entendez ou sentez un message qui est alimenté par la peur, qui critique, qui pose un jugement ou qui est compétitif ou destructeur, il provient soit d'une entité sombre ou, le plus souvent, de votre propre ego.

Comment les anges entrent en contact avec nous

Les esprits bienveillants — angéliques ou pas — entrent même en contact avec les plus sceptiques par l'entremise des rêves, des séquences numériques, des trois « S » (symbole, signe, synchronicité), des enfants et des messages récurrents. Les gens attribuent souvent ces expériences à des rêves lors d'un sommeil agité, à une coïncidence ou à une imagination débordante, mais — que cela vous plaise ou non — elles se produisent.

Les rêves

Les rêves sont des occasions parfaites pour les anges d'entrer en contact avec nous quand nous ne sommes pas sur nos gardes. Si vous avez de la difficulté à vous rappeler vos rêves, déposez un stylo et un carnet sur votre table de chevet ; ainsi, à votre réveil, vous pourrez griffonner vos impressions. Si vous avez vraiment envie de déchiffrer le monde des rêves — ou si vous commencez à remarquer que vos premiers contacts avec les anges ont lieu dans vos rêves —, tenez un journal de vos rêves. Quand vous faites des rêves lucides, c'est-à-dire que vous êtes conscient que vous rêvez, profitez-en pour inviter des anges spécifiques à se joindre à vous. Posez-leur autant de questions qui vous viennent à l'esprit et concentrez-vous pour mémoriser tous les détails. Vous serez étonné de la quantité d'information que vous pouvez tirer de cette pratique.

Vous pouvez apprendre le nom des anges, des détails de « vies antérieures » — les vôtres ou celles des autres — et même des indices à propos d'événements futurs. En fait, c'est ainsi que j'ai découvert que j'étais enceinte, grâce à l'archange Métatron, le soir même où j'ai conçu mon enfant !

D'après mon expérience, les anges ne bougent pas la bouche ; ils communiquent par télépathie. Sylvia Browne a vécu la même expérience. Dans *Phénomènes*, elle explique que les anges ne parlent jamais, mais qu'ils utilisent plutôt la communication télépathique. Cependant, leur télépathie est si puissante et efficace que les êtres humains croient souvent entendre des paroles.

Je me sens toujours réconfortée et soutenue quand les anges, ces êtres formidables, me quittent. Je n'oublierai jamais un rêve que j'ai fait peu de temps après le déménagement de ma famille dans notre maison actuelle. J'ai accueilli quatre grands visiteurs exceptionnels dans cette maison. Vêtus de tuniques bleu royal, ils sont apparus : trois hommes et une femme dont je pouvais clairement distinguer le sexe. Leur visage était d'une beauté sculpturale, si parfait qu'on aurait dit qu'ils étaient maquillés. Leur peau semblait briller, un peu comme une version adoucie des effets qui donnent l'impression que des diamants brillent sur la peau des vampires de la série *Twilight* quand elle est exposée au soleil. Il émanait d'eux une puissance et ils inspiraient le respect. Pas une parole n'a été prononcée, mais j'ai senti qu'ils étaient là pour aider.

Le premier qui est apparu avait des cheveux blonds et raides qui tombaient sur ses épaules et des yeux saphir qui m'ont fixée droit dans les yeux. J'étais certaine de trois choses : (1) il ou elle n'était pas et n'avait jamais été un être humain; (2) il était connecté à moi d'une certaine manière; et (3) il en savait plus sur moi que moi-même.

Plusieurs semaines plus tard, j'ai consulté une médium professionnelle pour d'autres questions. Sans être au courant de mon rêve, elle a semblé le confirmer.

«Votre maison est très protégée, a-t-elle dit. Je vois un ange bleu de l'Ordre de Michel qui veille sur vous. Il y a également un ange pour votre époux et chacun de vos garçons. Ce sont des anges extrêmement puissants.

Habituellement, une famille entière n'en a besoin que d'un seul, mais votre maison en a quatre! C'est en raison de qui vous êtes et ce que vous êtes en train de devenir.»

Voilà une affirmation qui ne laissait présager rien de bon! Mais je n'avais pas l'intention de la laisser m'ébranler. Cependant, les anges auraient été gentils de me donner un indice dans mon rêve. Ils l'ont peut-être fait, mais il s'est enfoui dans mon subconscient.

Après une vie à avoir fait de telles rencontres dans mes rêves, je peux habituellement discerner si j'ai rencontré des anges ou des guides spirituels (plus de détails dans le chapitre 9). Ce sont des anges quand ils sont extrêmement grands, lumineux ou d'une beauté incroyable et d'apparence androgyne. S'ils ressemblent à des êtres humains, mais qu'ils me regardent droit dans les yeux, se sont alors des guides. C'est du moins ainsi qu'ils apparaissent devant moi. Votre expérience pourrait être très différente.

Les séquences numériques

L'univers est magique et mystérieux, mais il est aussi mathématique. Même la musique peut être transposée en équations mathématiques. Pythagore, Platon et Ptolémée croyaient aux proportions numériques et à l'harmonie musicale du soleil, de la lune et des planètes. Au XVIIe siècle, Johannes Kepler a mélangé les mathématiques, l'astronomie et l'astrologie en ce qu'il a appelé la «physique céleste». Toute l'étude de la numérologie est basée sur la relation mystique et énergétique entre les nombres et l'ensemble de la vie. Il est donc logique que les anges utilisent tout ce qui est à leur — et à notre — disposition pour communiquer avec nous.

Il y a une décennie, j'ai entendu parler pour la première fois que les anges communiquaient avec nous au moyen des séquences numériques. Les anges attirent apparemment notre attention sur des nombres répétitifs : les nombres qui répètent le même chiffre, comme 111 ou 222 ; un nombre spécifique que vous apercevez simultanément dans plus d'un endroit, par exemple quand vous voyez le nombre 348 sur la plaque d'immatriculation de deux véhicules devant vous ; ou quand vous voyez le même nombre à plusieurs endroits au cours d'une brève période de temps, par exemple, quand vous voyez 34,57 $ sur la note d'un restaurant, 3457 écrit à la craie sur le trottoir, puis 3457 sur l'adresse d'une maison que vous remarquez au même moment, le tout en moins de 48 heures.

Depuis ce temps, j'ai vu si souvent 11:11 sur des réveils et des horloges que c'en est ridicule. Les nombres 933 et 944 figurent aussi grandement dans ma vie. Une nuit, je me suis réveillée à 1:11, 2:22, 3:33, 4:44 et 5:55. C'est fou, n'est-ce pas ?

Il existe différentes sources sur les « nombres des anges », mais Doreen Virtue a écrit le livre qui fait autorité en la matière, *Les nombres des anges 101 : la signification de 111, 123, 444 et autres séquences numériques*. Elle maintient que les anges lui ont enseigné la signification vibratoire des chiffres et des séquences numériques. Voici quelques corrélations de base :

0 : un message de Dieu

1 : le pouvoir de la pensée dans la manifestation

2 : la foi et la confiance

3 : un message des maîtres ascensionnés ou d'énergies identifiées comme étant des dieux ou des déesses

4 : un message des anges ou des archanges

5 : un changement

6 : des préoccupations à propos de choses matérielles ou de problèmes physiques

7 : des occasions à venir et des encouragements des anges

8 : l'abondance en général, et financière en particulier

9 : votre « mission divine » ou une carrière, une passion ou une mission d'ordre spirituel que vous êtes appelé à concrétiser.

Un chiffre combiné à d'autres chiffres donne une signification qui attire l'énergie de tous les chiffres. Par exemple, Doreen Virtue indique que le nombre 348 signifie que « les anges et maîtres ascensionnés vous aident à puiser dans le flot d'abondance universel. Ouvrez les bras et recevez ! ».

Si vous remarquez un schéma récurrent dans votre vie qui concerne des nombres et que vous voulez des messages spécifiques, je vous recommande de consulter le livre de Doreen Virtue. Tandis que vous lisez les différentes significations des séquences numériques, les anges vous signifieront au moyen de visions, de pensées ou d'intuitions comment les messages s'appliquent à votre situation.

Combinées à d'autres formes de communication angélique, les séquences numériques peuvent nous aider à étoffer les messages. Voici un exemple d'une telle combinaison.

Il y a un an, lors d'un voyage en famille, notre voiture était immobilisée à un feu rouge. Droit devant nous, il y avait un camion semi-remorque derrière lequel était écrit «RAVEN[1]».

Ce n'était pas la première fois que je croisais ce type de camion sur mon chemin — et les corbeaux, tant sous forme de symboles que les oiseaux réels, étaient apparus dans ma vie à de nombreuses reprises depuis des années — mais la plaque d'immatriculation incluait également les chiffres 444. J'ai posé mon regard sur l'horloge du tableau de bord. J'ai lu 4 : 44 p.m. Puis, j'ai remarqué un panneau publicitaire à ma droite : il contenait également la séquence numérique 444.

Dans *Les nombres des anges 101*, la séquence 444 possède le message suivant : «Les anges sont présents, ils sont partout autour de vous! Vous êtes entièrement aimé, soutenu et guidé par de nombreux êtres célestes et vous n'avez rien à craindre.»

Joli message, sauf qu'il était associé à des corbeaux. Que symbolisaient-ils?

Dans *Animal-Speak: The Spiritual and Magical Powers of Creatures Great and Small*, Ted Andrews explique que «dans la tradition scandinave, le corbeau jouait un rôle significatif. Le dieu nordique Odin possédait deux corbeaux qui étaient ses messagers. Ils s'appelaient Hugin (la pensée) et Munin (la mémoire). Odin était reconnu pour se transformer lui-même en corbeau. Nous possédons tous en nous un magicien et c'est le corbeau qui peut nous montrer comment faire jaillir à la lumière cet aspect de nous. Le corbeau transmet

---

1. N.d.T.: «Raven» signifie corbeau en anglais.

des messages du royaume des esprits qui peuvent transformer radicalement votre vie. »

Le symbole du corbeau s'appliquait spécifiquement à ma situation. Il signifiait un message du royaume des esprits et la séquence numérique 444 identifiait que les messagers étaient des anges. De plus, le symbole du corbeau était lié au dieu nordique Odin — la pierre angulaire des croyances spirituelles que j'avais tenue dans une vie antérieure et explorée à ce moment-là — qui était associée aux archanges Azraël, Cassiel et Raziel, qui, selon moi, m'avaient aidée à déterrer cette information à propos de cette vie. Comme vous pouvez le constater, le fait de croiser des sources de référence — comme *Les nombres des anges 101* et *Animal-Speak* — peut vous aider à déchiffrer les messages qui vous sont transmis.

Nous allons explorer la règle des trois chiffres à la section « Les messages récurrents ». Pour le moment, notez ce qui suit : la séquence numérique était composée de trois 4 ; je l'ai vue à trois endroits en même temps, et trois archanges étaient à mes côtés.

Les symboles, les signes et la synchronicité

Les symboles

Dans l'anecdote précédente, le symbole du corbeau n'était qu'un exemple. Les symboles sont des représentations, souvent d'entités spécifiques (des personnes, des anges, des entreprises, etc.) ou des concepts qui peuvent prendre toutes sortes de formes. C'est à nous d'en trouver la signification.

Disons que la mort vous effraie et que vous commencez à remarquer la fréquence à laquelle vous voyez une image en particulier — ou qui surgit dans votre esprit par clairvoyance — par exemple l'ânkh ou la «croix ansée». Il serait judicieux de prendre quelques minutes de votre vie mouvementée pour voir ce que signifie ce symbole, que ce soit sur Internet ou à la bibliothèque. Pendant vos recherches, vous devriez prêter attention à votre monologue intérieur ou aux intuitions que vous avez.

En tant que hiéroglyphe égyptien de la vie éternel, l'ânkh pourrait être un rappel apaisant des anges à l'effet que la mort est une illusion et que vous n'avez rien à craindre. Il pourrait aussi symboliser une vie antérieure dans l'Égypte antique dont vous êtes appelé à vous souvenir. L'acceptation de cette vie — et l'idée de la réincarnation — vous aideront à voir la mort comme une transition et non pas une fin.

Les signes

Poussons plus loin l'exemple avec les signes. Les signes sont des objets ou des circonstances qui mènent à autre chose, comme une information spécifique, la source de cette information, ou un choix ou une direction à suivre dans le cadre de votre parcours de vie.

Ainsi, vous remarquez que le symbole de l'ânkh apparaît partout, même dans vos rêves. Puis, vous prenez un magasine dans une salle d'attente et la première page que vous tournez fait référence à l'Égypte antique. Au moment où votre cerveau enregistre ce fait, la chanson « (Don't Fear) the Reaper » [N'aie pas peur de la Faucheuse, c'est-à-dire la mort] jaillit à fond de la radio d'une voiture passant tout près. Ces signes me laisseraient croire que l'archange Azraël, soit l'ange de la mort, est responsable de la récurrence du symbole de l'ânkh et qu'il vous aide à vous ouvrir à tout ce qu'il représente.

Mais comment savoir si un symbole ou un signe est un message du monde des esprits ?

Écoutez votre intuition. Dans *Prier avec les anges*, Richard Webster déclare que la plupart des étincelles intuitives sont des messages des anges. Dans *Phénomènes*, Sylvia Browne les attribue plutôt à des guides spirituels. Je crois qu'il s'agit d'une combinaison des deux — une communication directe des anges *et* des guides spirituels —, avec quelque chose en plus : cette essence en chacun de nous qui ne fait qu'un avec Dieu. C'est la partie qui n'est pas assujettie à la conscience linéaire limitée dans le temps. La partie qui voit les choses d'un point de vue cosmique et contextuel et qui tient compte de chaque facteur.

Dans *Conversations avec Dieu* (tome 3) de Neale Donald Walsch, « Dieu » recommande ceci : « Reste attentif à chaque pressentiment, à chaque sentiment, à chaque "bon coup" d'intuition que tu reçois. *Reste attentif.* Ensuite, agis à partir de ce que tu "sais". Ne laisse pas ton esprit t'en écarter. Ne laisse pas ta peur t'en détourner. Plus tu agis sans peur à partir de ton intuition, plus ton intuition te servira. Elle a toujours été là, mais à présent, tu lui accordes de l'attention. »

Demandez simplement. Si vous doutez encore, demandez aux anges — à voix haute, dans votre esprit ou même sur une feuille de papier — et attendez la réponse, qui ressemblera à une voix intérieure qui vous répond. Commencez avec des questions directes qui font appel à un « oui » ou à un « non » en guise de réponse. Par exemple : « As-tu mis cette plume sur mon chemin ? » Lorsque vous serez habitué à recevoir des « oui » ou des « non », vous pourrez passer à des questions plus complexes.

Si vous voulez recevoir que des réponses « oui » ou « non », vous pourriez les recevoir sous forme de sensations plutôt que de mots, surtout si vous avez un don de clairsentience. Commencez par dire — à voix haute ou dans votre esprit — une affirmation vraie, comme « j'adore le chocolat ». Remarquez tout signe dans votre corps qui vous donne, par exemple, un sentiment envahissant de paix ou un picotement dans une main. Puis dites une fausse affirmation, comme « je déteste le chocolat ». Encore une fois, remarquez comment votre corps réagit. Votre estomac se contracte-t-il ? Sentez-vous un picotement dans l'autre main ? Une fois que vous connaissez les signaux de votre corps, vous pouvez les utiliser pour distinguer le vrai du faux, le oui du non. Les baguettes de sourcier et les pendules ont la même fonction, mais si vous apprenez à vous fier à votre corps, vous pourrez recevoir des réponses n'importe où et n'importe quand, et personne d'autre que vous a besoin de le savoir.

La synchronicité

La synchronicité est une « coïncidence », c'est-à-dire de nombreux incidents qui se produisent en même temps ou au même endroit et qui semblent reliés. Quand cela se produit, il est assez difficile de ne pas le remarquer.

Les signes et les synchronicités fonctionnent souvent ensemble, comme cela a été le cas vers la fin de mon « année infernale ». Je travaillais à temps partiel dans une librairie de livres d'occasion, ce qui m'aidait fort heureusement à me concentrer sur autre chose que sur mon corps torturé par la douleur. J'ai tout de même prié pour recevoir du soulagement et mes pensées se sont aussitôt tournées vers un événement clé de mon passé : la fois où mon père et moi avions été spontanément guéris à la cathédrale Saint David, au pays de Galles. J'ai commencé à me demander si un tel phénomène pouvait se produire à deux reprises. Quand j'ai mentionné l'idée à Dan, mon mari, il était prêt à faire le voyage jusqu'au pays de Galles ; son seul souci était le coût.

Le lendemain, une cliente que je n'avais jamais vue est entrée dans la librairie avec la claire intention de bavarder. Elle m'a raconté son amour des voyages et je lui ai mentionné mon désir de revisiter le pays de Galles.

Son visage s'est éclairé et elle m'a révélé qu'elle serait au pays de Galles le mois suivant. Sa fille vivait à Pembroke et elle allait justement se marier à la cathédrale Saint David.

Était-ce un signe ? Mon instinct m'a dit que oui, mais j'ai tout de même eu un doute.

Ce soir-là, quand Dan est venu me chercher au travail, il a emprunté un chemin différent pour rentrer à la maison. Quelques kilomètres plus loin, j'ai aperçu un immense panneau à notre droite sur lequel était écrit en majuscules le simple mot : GALLES. Eh oui, les signes peuvent prendre la forme de panneaux publicitaires !

Mes cheveux se sont dressés sur ma nuque. Même Dan était bouche bée.

Une fois arrivés à la maison, nous nous sommes assis et nous avons examiné notre budget déjà serré pour voir où nous pourrions trouver de l'argent pour le voyage. Puis, j'ai appelé plusieurs compagnies aériennes pour trouver un tarif convenable et j'ai parcouru un livre sur les gîtes touristiques de la Grande-Bretagne que j'avais acheté sur un coup de tête — ou parce qu'un ange m'avait murmuré de le faire — quelques mois plus tôt. Quand tout a été organisé, il nous manquait 600 $ pour payer le voyage au pays de Galles.

Deux jours plus tard, alors que nous revenions de faire des courses, j'ai remarqué deux jeunes hommes à l'extérieur de l'appartement voisin. Ils étaient de toute évidence asiatiques et ils parlaient ce qui semblait être le thaïlandais. Je les avais déjà vus une fois, une journée frisquette où il tombait des flocons de neige.

L'un d'eux m'a jeté un coup d'œil et je lui ai souri. Nous avons échangé quelques plaisanteries et j'ai appris qu'il venait effectivement de la Thaïlande. Puis, je me suis dirigée vers l'escalier.

Cinq minutes plus tard, le Thaïlandais est venu frapper à notre porte et, contre toute attente, il m'a demandé si je pouvais lui enseigner l'anglais. « En fait, j'ai déjà été professeure d'anglais, lui ai-je répondu, mais ça fait très longtemps. » Il a ajouté dans son anglais maladroit : « Je vais chez moi bientôt, dans un mois. Pas beaucoup de temps. J'ai argent pour vous payer. Est-ce que 600 $ assez ? »

Je suis restée interloquée. C'était exactement la somme dont nous avions besoin. Avait-il tiré ce montant d'un chapeau ? Ou un ange le lui avait-il murmuré à l'oreille ?

Il m'a assuré qu'il n'avait pas besoin de cet argent. À son retour en Thaïlande, il allait devenir un moine.

Comment pouvais-je refuser ? Les signes et les synchronicités nous entraînaient directement vers un voyage au pays de Galles.

Si vous vous ouvrez aux possibilités illimitées de l'univers holographique et interconnecté, vous verrez un monde de merveilles et de guidance. Lorsque les symboles, les signes et les synchronicités apparaîtront, votre conscience supérieure les détectera et, avec l'aide des esprits qui les envoient, vous comprendrez.

Les enfants

Je crois fermement que les enfants possèdent des dons médiumniques, une vision de plus en plus partagée par de nombreux médiums, y compris Sylvia Browne, qui a écrit à propos de ses conclusions dans *Psychic Children: Revealing the Intuitive Gifts and Hidden Abilities of Boys and Girls*. Si le mot « médiumnique » vous dérange, voyez-le comme une habileté naturelle à maintenir un niveau de conscience plus élevé. Cela peut sembler extraordinaire, mais c'est vraiment dans la normale des choses. Ce sont les adultes qui ont le « don » de créer l'illusion de la séparation, de la solidité et de la stagnation.

Les enfants ont accès à la vraie nature illimitée de l'univers parce qu'ils sont autant en phase avec le monde invisible — le monde des esprits et la matrice de la création dont ils viennent de jaillir — qu'avec le monde visible, c'est-à-dire le monde matériel dans lequel ils viennent d'arriver. La plus grosse erreur que les parents commettent est sans doute de présumer que les perceptions de leurs enfants ne sont que le reflet de leur imagination, surtout quand ces perceptions divergent de leurs propres idées. En fait, bon nombre d'amis imaginaires sont des anges ou des guides spirituels qui peuvent autant prendre la forme d'un enfant que d'un adulte.

L'imagination joue bien entendu un rôle. Mais les parents qui passent du temps de qualité avec leurs enfants — et qui gardent l'esprit ouvert — peuvent habituellement sentir si les affirmations de leurs enfants sont des faits ou des inventions. Si vous pensez à votre propre expérience, vous n'ignorez sûrement pas que la plupart des parents *savent* si leur enfant a vraiment peur ou s'il fait semblant pour repousser l'heure d'aller au lit. Et si vous avez plus d'un enfant, vous constatez sûrement qu'ils corroborent souvent leurs histoires.

La prochaine fois que votre enfant prétendra voir une chose que vous ne voyez pas, écoutez votre instinct. Remarquez comment vous réagissez. Est-ce que des frissons parcourent vos bras ? Est-ce qu'un mot ou deux surgissent dans votre monologue intérieur ? Vous êtes-vous déjà senti suivi ou mal à l'aise dans le même corridor que votre enfant pointe ? Prêtez attention à ces indices, car ils peuvent révéler la vérité.

Quand vous êtes en phase avec le monde des esprits, comme les enfants le sont, vous pourriez avoir peur de la noirceur parce qu'il est plus facile de voir les fantômes et les esprits dans des endroits sombres ou peu éclairés. La peur de l'inconnu pourrait faire en sorte que les enfants prennent un ange ou un guide pour un croque-mitaine. Voilà pourquoi les veilleuses sont utiles. Et en ayant une lampe de poche à portée de la main, les enfants peuvent se sentir plus à l'aise avec les autres dimensions qu'ils voient.

Dans le livre de Sara Wiseman, *Votre enfant médium : comment élever des enfants qui sont doués sur le plan de l'intuition et de la spiritualité*, l'auteure parle de « l'ouverture aux phénomènes médiumniques » (la conscience accrue) chez les adultes. Mais elle souligne que les enfants sont ouverts dès le commencement.

En parlant des qualificatifs donnés à de nombreux enfants d'aujourd'hui — par exemple indigo, cristal, arc-en-ciel, des étoiles — Sara Wiseman écrit : « Pour des raisons qui dépassent notre entendement, les enfants d'aujourd'hui sont plus voyants que jamais. […] En bref, c'est qu'*ils ont évolué pour devenir ainsi.* »

Chaque nouvelle génération évolue dans la continuité de la précédente ; les enfants perfectionnement certaines habiletés et ont accès à des habiletés innées que leurs parents et leurs grands-parents ont négligées ou n'avaient aucune idée de leur existence. Les enfants d'aujourd'hui ont facilement accès à ce que les générations passées n'ont utilisé qu'en partie.

Pour un regard plus approfondi sur le sujet, *Psychic Children* de Sylvia Browne et *Votre enfant médium* de Sara Wiseman sont d'excellentes ressources. En même temps, accordez-vous une faveur et soyez vraiment à l'écoute des enfants autour de vous. Ils ont beaucoup de choses à raconter !

Une de mes amies a entendu son garçon de six ans parler à un « ami invisible » à plusieurs occasions. Puis, un jour, il s'est arrêté au milieu de l'escalier et a refusé de descendre. Quand sa mère lui a demandé ce qui se passait, il a répondu : « Je ne peux pas descendre tout de suite. Il est trop grand et il me bloque le passage. » Elle lui a demandé de qui il parlait et le garçon a répondu : « Michel, l'ange. »

Quand mes propres garçons avaient six ans, ils ont fait des commentaires intéressants un soir que mon mari et moi étions en train de les border dans leur lit. Connor m'a demandé :

— Maman, c'est quoi la lumière violette derrière toi ?

Je me trouvais devant leur fenêtre, alors je me suis retournée et je n'ai rien vu d'autres que les stores fermés.

— Je ne vois rien, mon chéri. Tu as peut-être vu les phares d'une voiture ou mon ombre.

— Ce n'était pas une voiture, ni une ombre. C'est un gros oiseau avec des ailes rondes, a-t-il dit en secouant la tête.

— Eh bien, qu'importe ce que c'était, ce n'était pas mauvais, lui ai-je répondu. Je ne sens rien que du bon autour de moi.

Une minute plus tard, Geoffrey a ajouté :

— Je crois que c'était un de tes anges, maman.

— Pourquoi ? lui ai-je demandé. Parce qu'il était derrière moi ?

— Non. Parce qu'il était violet.

Mes garçons détectaient apparemment la présence des anges partout dans la maison, mais surtout autour de moi. C'est alors que j'ai fait un lien surprenant : durant toute ma vie, la couleur prédominante que je voyais dans la noirceur ou derrière mes paupières était le violet.

Ne sous-estimez pas les enfants. Leurs perceptions non biaisées peuvent renforcer et élargir votre propre conscience spirituelle.

Chapitre 5

Les messages récurrents

Les disques de vinyle égratignés — quand les gens écoutaient encore des disques de vinyle — attiraient l'attention en répétant sans cesse le même passage de musique. Les anges livrent souvent leurs messages de la même façon. C'est un peu comme la synchronicité, sauf que les messages répétés comportent les mêmes mots précis.

Il est courant de voir à répétition des autocollants de pare-chocs. Mais vous savez qu'il se passe quelque chose quand l'autocollant répète les mots que vous croyez que les anges vous ont dits la veille. Le même ver de poésie cité par trois personnes différentes la même journée est également un bon exemple. Tout comme les paroles d'une chanson, un texte écrit ou des commentaires inopinés faits par des amis ou des étrangers : ils peuvent tous être des canaux pour la transmission de messages divins et ils parviennent à leurs fins à force d'être répétés.

Parlons de musique. À peine quatre heures après ma vision de l'œil bleu enflammé (voir l'information sur l'archange Michel dans le chapitre 3), j'ai allumé la radio de la voiture. La première chanson que j'ai entendue est *Patience* de Guns N' Roses. De toute évidence, le titre correspondait au conseil que j'avais reçu durant mon voyage astral. J'ai saisi ce message après seulement une répétition.

D'autres messages prennent plus de temps à être compris. Ces dernières années, deux chansons en particulier ont dominé dans ma vie, que ce soit à l'épicerie, dans la salle d'attente de mon chiropraticien, dans les ascenseurs ou en zappant les postes de télévision. Chaque fois que j'en avais assez de me battre pour que mon livre soit publié, j'entendais la chanson à succès de 1980 d'Olivia Newton-John *Magic*. Encore aujourd'hui, quand je doute de moi-même durant le processus d'écriture, j'entends *Sing*, la chanson écrite pour l'émission Sesame Street et popularisée par le groupe The Carpenters, en 1973.

N'oubliez pas que les anges peuvent instiller n'importe quelle image ou pensée dans notre tête et dans celle des autres. Cette chanson que vous ne pouvez pas cesser de fredonner pourrait contenir un message.

Si vous êtes entêté, les messages vont être récurrents aussi longtemps qu'il le faut. Si vous les saisissez immédiatement, une seule fois suffira. Cependant, certaines personnes se fient à la règle de trois : elles ne considèrent un message comme étant valable qu'après l'avoir vu ou entendu trois fois.

Trois est le plus petit nombre d'éléments nécessaires pour produire un schéma et le chiffre «trois» est depuis longtemps associé à la magie et au mysticisme. C'est sans doute vrai parce que la plupart d'entre nous percevons le monde en trois dimensions. De plus, les gens ont tendance à mieux traiter et retenir l'information quand elle est présentée en trois parties.

On trouve des trios tant dans les domaines spécialisés que courants. La musique, les mathématiques, la comédie, les religions, les affaires, l'économie, les contes de fées et les discours célèbres évoquent tous le pouvoir du trois. Vous pourriez reconnaître les exemples suivants : «Romains, compatriotes et amis»; «la vie, la liberté et la recherche du bonheur»; «gouvernement du peuple, par le peuple, pour le peuple » ; « location, location, location[2] » ; « arrêtez, regardez et écoutez » ; les Trois petits cochons ; les Trois petits chats ; Boucle d'or et les trois ours ; la soi-disant « triple menace » ; les accords de trois notes en musique ; le corps, l'esprit et l'âme ; la règle de trois par trois de la Wicca ; les trois mages qui offrent trois présents à l'enfant Jésus. Et bien avant que la trilogie chrétienne fasse son apparition, de saintes trinités ou triples divinités existaient déjà dans différentes cultures du monde.

La règle de trois n'est pas une règle des anges ; ils ne transmettent le message qu'une seule fois si le récepteur en est conscient et est ouvert aux conseils. Mais elle peut aider ceux qui doutent de leur capacité de perception ou ceux qui se fient davantage aux règles et aux schémas qu'à leur instinct. Ceci étant dit, ne laissez pas cette règle dominer ou limiter le flot de votre communication avec les anges.

Ce qui compte, c'est d'être à l'écoute ! Les messages sont partout, tout comme les messagers qui les livrent. Les rêves, les séquences numériques, les trois « S », les enfants et les messages récurrents sont tous des canaux utilisés par les anges pour communiquer avec nous.

Comment nous établissons un contact

Il suffit de penser aux anges et vous allez les attirer. Vous pouvez aussi demander à Dieu de vous envoyer vos anges ou les appeler directement. Vous pouvez leur parler à voix haute ou dans votre esprit.

---

2. N.d.T.: La triple règle des courtiers immobiliers aux États-Unis, qui dit que la valeur d'une propriété est déterminée par son emplacement.

Vous pouvez simplement penser *Chers anges, aidez-moi!* et ils seront aussitôt à vos côtés. J'ai fait l'expérience de cette vérité tellement de fois que j'y fais pleinement confiance maintenant.

La visualisation est une autre technique pour appeler les anges auprès de vous. Dans son livre *La thérapie par les anges,* Doreen Virtue explique : « Voyez-les volant en cercles autour de vous ou autour de vos êtres chers. Voyez une multitude d'anges puissants auprès de vous. Voyez la pièce où vous vous trouvez bondée de milliers d'anges. Ces visualisations sont des invocations angéliques qui créent votre réalité. »

Lorsque vous parlez aux anges, faites-le ouvertement et librement. Angela Hartfield, une médium et praticienne certifiée de la thérapie par les anges, dit que les anges préfèrent être traités comme un membre de la famille. De même, Chantel Lysette fait référence aux anges en tant que frères et sœurs.

Comment demanderiez-vous à un frère ou une sœur en qui vous avez confiance de vous aider? La différence est que les anges, contrairement aux membres de notre famille, peuvent être partout où ils doivent être en un instant et coordonner leurs efforts avec d'autres anges et d'autres esprits concernés. Vous trouverez en annexe une liste de besoins spécifiques et les archanges qui y sont associés. En attendant, voici quelques exemples :

1. Vous êtes inquiet en raison d'un problème auquel votre fille est confrontée à l'école, alors vous faites appel à l'archange Métatron. « Métatron, je sais que

tu peux l'aider (insérer le nom de votre enfant). De grâce, sois auprès d'elle pendant qu'elle vaque à ses occupations. Procure-lui un sentiment de paix et de sécurité dans cette situation et encourage toute personne concernée à agir à partir de son moi supérieur. Merci. »

2. Vous êtes en colère à propos d'une chose et vous ne voulez pas vous défouler sur votre famille. Faites appel à l'archange Michel et exprimez votre colère. « Michel, j'ai vraiment besoin de ton aide. Je suis tellement fâché que je n'arrive pas à y voir clair, mais je ne veux pas contrarier les autres. Aide-moi à me libérer de cette négativité et à la remplacer par de la bonne énergie, le plus tôt possible. Merci. »

Vous ne pouvez pas tromper les anges, alors aussi bien être franc avec eux. Comme dans toute relation, la sincérité est gage de réussite. Et que vous rattachiez ou pas le mot « archange » au nom — par exemple « archange Michel » ou simplement « Michel » — l'ange concerné sait instinctivement de qui vous vous attendez à recevoir de l'aide. La pensée et le sentiment sont au cœur de la communication angélique, pas le langage.

Au début, vous pourriez être attiré par un des nombreux jeux de cartes des anges sur le marché. Ces cartes peuvent effectivement vous aider à vous familiariser avec le royaume des anges et, dans certains cas, à devenir plus confiant et plus à l'aise. Cependant, comme Chantel Lysette le souligne dans *Le code des anges*, elles peuvent devenir une béquille. Le pouvoir de communiquer avec les anges réside *en vous*.

Vous êtes le canal de l'information. Vous interprétez les messages.

Deux techniques permettent d'ouvrir les vannes pour une communication directe. Il s'agit de la canalisation et de la méditation.

La canalisation (ou *channeling*)

Ne laissez pas le mot vous effrayer. Vous êtes déjà un canal qui permet à l'énergie universelle de circuler — ce que Deepak Chopra appelle la « soupe quantique » — en *existant* simplement. Il est maintenant temps de songer à vous harmoniser aux messages des anges.

Une forme de canalisation, suggérée par des auteurs tels que Doreen Virtue et Richard Webster, est l'écriture automatique. On la nomme ainsi parce qu'elle ne nécessite pas de pensée ou d'effort conscient. Vous invitez simplement un ou des anges dans votre espace mental et vous leur demandez de communiquer par l'entremise de l'instrument de votre choix, que ce soit un stylo ou un clavier d'ordinateur. Puis, vous tombez « dans la lune » ou vous vous concentrez sur autre chose, par exemple, une émission de télévision. Le ou les anges s'emparent alors de l'instrument et vous le laissez bouger librement. Avec la pratique, vos gribouillages — ou le charabia tapé à l'écran — deviennent des mots et des phrases dont un grand nombre sont des messages des anges.

Si cette méthode de canalisation vous attire, essayez-la. Cependant, la plupart des débutants vont trouver une autre méthode beaucoup plus facile. Richard Webster l'appelle la « dictée automatique » et elle consiste à demander des conseils aux anges et à noter consciencieusement les réponses qui vous viennent. Si vous travaillez avec un ami ou votre conjoint, celui-ci pose les questions à voix haute et note — ou tape — vos réponses et vice versa.

La médium spirituelle Kim O'Neill fait référence à cette technique en parlant simplement de « canalisation ». Elle croit que les anges et les guides sont responsables de 80 à 85 % de l'information qui circule dans notre cerveau et, dans son CD *Communicating with Your Angels*, elle donne des instructions faciles pour y accéder.

Selon elle, plus le processus est compliqué, moins les gens sont susceptibles d'y accéder. Comme je suis plus que familière avec le rythme effréné de la vie moderne et le chaos potentiel qu'y ajoutent les enfants, je suis entièrement d'accord avec elle. J'ajouterais simplement deux étapes à la méthode de Kim (écrites en italique).

1. Réservez 30 à 45 minutes de votre temps, au moins une fois par semaine, pour faire de la canalisation.

2. Préparez une liste de questions auxquelles vous souhaitez obtenir une réponse.

3. À l'heure prévue, retirez-vous dans un endroit tranquille. Ce pourrait simplement être dans votre voiture garée.

4. Fermez les yeux. Prenez une profonde respiration, puis expirez.

5. *Imaginez qu'une lumière blanche se déverse sur vous; elle vous remplit et vous enloure d'une bulle d'amour et de protection divine. Puis, demandez à vos anges, à vos gardiens et à vos guides — que ce soit en général ou en utilisant des noms spécifiques — de se joindre à vous et de vous aider à recevoir l'information la plus précise possible.*

6. Dites à voix haute : «Cerveau, endors-toi.»

7. Posez votre première question à voix haute et écoutez la réponse. Elle va surgir, habituellement en moins de 5 à 10 secondes, sous forme de pensée dans votre esprit ou d'une voix réelle. Notez toute réponse que vous «entendez». Continuez avec vos autres questions, en les posant à voix haute ou dans votre esprit. Vers la fin de la séance, donnez la parole aux anges, c'est-à-dire la chance de vous dire ce qu'ils veulent que vous sachiez.

8. *Remerciez les anges ou ceux à qui vous avez fait appel pour l'information que vous avez reçue.*

C'est tout. Au début, vous pourriez avoir l'impression de vous parler à vous-même ou que certaines réponses correspondent à ce que vous aimeriez entendre. Si vous n'êtes pas certain que les réponses viennent de vous ou des anges, posez-leur la question. Vous pouvez aussi faire de la canalisation à différents moments de la journée pour déterminer quand vous «entendez» le mieux. Tout le monde est différent : alors qu'une personne pourrait mieux canaliser le soir, une autre préférera le faire à l'aube. Au début, vous pourriez ne saisir que des réponses comme «oui», «non», «bientôt», «sept semaines» ou «brun». Mais les réponses contiendront vite plus de détails qui vous surprendront, vous et votre partenaire de canalisation, si vous en avez un.

Plus vous faites cet exercice, plus vous aurez confiance en vos habiletés; et lorsque les réponses que vous notez prédiront avec exactitude une chose que vous n'auriez jamais imaginée, vous vous fierez encore davantage à celles-ci. Vous pourriez même passer à l'écriture automatique ou utilisez des mots et des phrases qui ne font pas partie de votre vocabulaire, ou noter des noms, des dates et des événements de l'histoire que vous pourrez confirmer en faisant par la suite des recherches.

Pour ceux d'entre vous qui se disent trop occupés pour rester assis durant un moment — ou qui ont trop mal en raison de maux de dos ou aux articulations —, vous pouvez aussi marcher avec les anges. Que vous marchiez pour faire de l'exercice ou pour simplement étirer vos jambes, vous pouvez inviter les anges à vous accompagner et vous adresser à eux dans votre esprit. Vous n'aurez sans doute pas votre liste de questions avec vous et vous ne pourrez écrire les réponses qu'après votre promenade, mais votre esprit servira tout de même de canal à l'information des anges.

Vous pouvez aussi demander aux anges — durant la canalisation et la méditation — de confirmer vos communications en vous envoyant un signe. Ils vous mentionneront alors ou vous montreront dans votre esprit un signe spécifique — par exemple des rubans bleus, des girafes, un ballon rose, etc. — auquel vous pouvez être attentif. Quand ce signe particulier apparaît dans votre vie, vous savez alors que l'échange était réel.

En passant, si un ange vous dit d'être à l'affût d'une girafe, il ne veut pas nécessairement dire que vous allez voir une girafe dans votre cour. Mais vous pourriez voir des figurines de girafes dans la vitrine d'une boutique ou la girafe Geoffrey sur un carton publicitaire que vous avez reçu par la poste. Bien entendu, plus vous connaîtrez les anges, moins vous sentirez le besoin de recevoir de tels signes.

Les prières et les requêtes obtiennent toujours des réponses. Cependant, vous pourriez devoir faire preuve de patience, en faisant confiance à l'intelligence universelle, c'est-à-dire Dieu. Et surtout, soyez patient avec *vous-même* durant le processus de communication. Nous sommes tous des êtres en évolution qui suivons notre voie comme il se doit.

La méditation

Pour méditer, vous pouvez soit faire le vide dans votre esprit, vous concentrer sur une chose précise ou faire de la visualisation, mais au fond, cet exercice vous permet de faire l'expérience de votre essence spirituelle. C'est une bonne façon de rencontrer les anges, les gardiens et les guides et une occasion d'être calme et créatif à la fois. L'imagination — une habileté que nous possédons tous — est la clé.

Dans *Le code des anges*, Chantel Lysette décrit l'imagination comme un pont vers l'intuition et le meilleur outil que nous possédons pour méditer et être clairvoyant. «En permettant à votre imagination de s'envoler, vous participez au processus créateur de l'univers. Parce que vous vous libérez des obstacles de la pensée et des attentes conditionnées, vous vous alignez toujours plus directement sur le Créateur. »

La méditation est une chose personnelle ; les gens en font donc l'expérience de différentes façons. Si vous avez un penchant pour la clairvoyance, vous vous concentrerez sans doute sur des détails visuels. Vous pourriez même voir des mots devant vous comme s'ils étaient imprimés dans l'air. Si vous êtes davantage porté sur la clairaudience, vous entendrez une variété de sons et de mots — et éventuellement des phrases complètes — qui vont donner un sens à votre expérience. Les adeptes de la clairsentience ressentent toutes sortes de sensations durant l'expérience : ils notent la sensation des grains de sable sous leurs pieds, le vent doux sur leur peau ou la douce texture du satin au moment où ils écartent les rideaux avec leurs mains. Les adeptes de la claircognition pourraient recevoir des concepts complets directement tombés du ciel, pour ainsi dire. Pendant que vous méditez, vous pourriez faire l'expérience de deux, trois ou même des quatre « clairs ».

Pour communiquer avec vos anges durant la méditation, je vous propose de suivre trois étapes : (1) exprimer quelle est votre intention ; (2) effectuer un exercice rapide pour vous ancrer et vous purifier ; (3) commencer la méditation pour rencontrer les anges. Durant la méditation, je vais vous inviter à aller dans un « lieu sûr », une réalité méditative dans laquelle vous vous sentez libre et détendu, mais aussi en sécurité. Votre endroit sûr peut être n'importe où sur la terre ou au-delà : le sommet d'une montagne, une plage, un voilier, un jardin, une chaumière, un château médiéval, un temple, une église, une planète lointaine, etc. À vous de choisir. Si vous aimez l'aventure, vous pouvez laisser l'ange que vous souhaitez rencontrer décider de l'endroit et voir où il vous entraîne!

Sentez-vous libre d'adapter les trois étapes selon vos préférences, mais conservez telle quelle la séquence des couleurs (rouge, orange, jaune, vert, bleu, indigo et blanc). Les couleurs représentent *dans l'ordre* les chakras du corps, c'est-à-dire les vortex ou centres d'énergie à travers lesquels l'énergie circule.

1. Rouge : chakra racine, situé à la hauteur du coccyx; associé à la survie et à la sécurité.

2. Orange : chakra sacré, situé juste au-dessous du nombril; sexualité et créativité.

3. Jaune : chakra du plexus solaire, situé juste au-dessus du nombril; émotions et pouvoir personnel.

4. Vert : chakra du cœur, situé au milieu de la poitrine; amour, harmonie et compassion.

5. Bleu : chakra de la gorge; au niveau de la gorge; expression de soi et communication.

6. Indigo ou violet : chakra du troisième œil, centré juste au-dessus des sourcils; intuition et clairvoyance.

7. Blanc : chakra couronne, situé au-dessus de la tête; conscience supérieure et lien spirituel avec le Divin.

La mention des chakras n'est qu'à titre informatif ; vous n'avez pas besoin de les mémoriser. En fait, vous n'avez même pas besoin de mémoriser la méditation ; vous pouvez la lire et vous enregistrer, puis la faire jouer au moment approprié ou vous pouvez demander à un ami de vous la lire.

Au moment d'essayer de méditer, ne vous inquiétez pas si vous ne parvenez pas à visualiser un objet en particulier ou à ressentir une sensation particulière. Et ne cessez pas prématurément de faire l'expérience parce que vous avez l'impression de « faire semblant ». Rappelez-vous que l'imagination est de la création en évolution. Une fois que vous vous sentirez à l'aise avec le processus, il s'en suivra un courant naturel de communication.

1ʳᵉ **ÉTAPE : Exprimez votre intention.** Par exemple, vous pourriez dire à voix haute : « J'ai l'intention de rencontrer l'archange Michel durant cette méditation. » Ou « J'ai l'intention de pratiquer la clairaudience en rencontrant plusieurs anges. »

2ᵉ **ÉTAPE : Ancrez-vous et purifiez-vous.** Debout, les jambes écartées, fermez les yeux et détendez-vous. Prenez une profonde respiration et, en même temps, imaginez que la puissante énergie de guérison de la terre pénètre par vos pieds et remonte jusqu'au sommet de votre tête. Vous devriez avoir l'impression que votre respiration aspire en vous l'énergie de la terre. Vous pouvez visualiser que l'énergie remonte en vous, entendre son profond bourdonnement ou la sentir se répandre dans votre corps. Puis, expirez lentement.

Répétez l'exercice. Inspirez de nouveau, mais cette fois-ci, au moment où vous expirez lentement, imaginez qu'une lumière blanche vous éclaire au-dessus de votre tête et vous recouvre entièrement tout en chassant la négativité. Répétez l'exercice.

3ᵉ ÉTAPE : Méditez. Assoyez-vous dans une position confortable ou étendez-vous. Détendez consciemment votre corps, en commençant par vos pieds et en terminant par votre tête. Écoutez le son de votre respiration, puis imaginez qu'une couverture de paix et d'amour vous recouvre. Commencez la méditation.

Méditation pour rencontrer les anges

Imaginez que vous marchez sur un sentier, dans une forêt. Vous êtes entouré de grands piliers de bouleaux, d'érables et de chênes. Des feuilles de la couleur éclatante d'un coucher de soleil murmurent et s'agitent au gré d'un vent doux. Soudain, une pluie de feuilles rouges tombe autour de vous. Vous vous arrêtez pour vous imprégner de ce moment et absorber cette riche couleur, puis vous poursuivez votre chemin. Peu de temps après, vous recevez une pluie de feuilles oranges. Tout en vous imprégnant de cette couleur vive, vous vous arrêtez de nouveau et vous levez les mains pour sentir les feuilles chatouiller vos paumes. Puis, vous repartez, mais vous recevez encore sur vous une autre pluie de feuilles jaunes, cette fois-ci. Une feuille atterrit sur le bout de votre nez et vous ne pouvez pas vous empêcher de sourire. Vous la chassez avec votre main et vous poursuivez votre chemin.

Le murmure effervescent d'un ruisseau parvient à vos oreilles. Il est droit devant, alors vous prenez sa direction. Les rayons du soleil dansent sur l'eau cristalline. Tout près, une parcelle d'herbe verte semble si invitante que vous vous assoyez et vous passez vos doigts dans ses doux brins émeraude. Vous vous étendez sur le dos et vous apercevez une ouverture dans la voûte des arbres au-dessus de vous. Vous n'avez jamais vu un ciel aussi bleu et vous sentez l'énergie apaisante de la couleur s'infiltrer dans votre conscience. Vous baissez les yeux et vous regardez à votre droite, là où un pont de bois enjambe un ruisseau. Piqué par la curiosité, vous vous levez et vous vous en approchez.

Vous commencez à traverser le pont, mais vous vous arrêtez au milieu et vous posez vos mains sur la rambarde en bois. En vous penchant légèrement, vous regardez l'eau qui coule en dessous. Le ruisseau est si clair que vous pouvez voir un certain nombre de galets et de pierres sous la surface. Ils sont de toutes les teintes de violet que vous puissiez imaginer — du pervenche à l'indigo — et vous les regardez avec émerveillement, sachant qu'ils sont en train d'ouvrir votre troisième œil.

Vous vous sentez rempli d'énergie et plus conscient que jamais ; vous vous redressez, vous vous retournez et traversez le pont de l'autre côté. Les arbres forment une masse plus épaisse de ce côté-ci. Au-dessus de vous, les branches entrelacées ressemblent au dôme d'une immense cathédrale. Devant vous, au bout du sentier, les arbres forment une arche et dans celle-ci, une lumière blanche et éclatante murmure l'énergie primaire de l'univers. Vous avancez lentement vers elle, en sentant son seuil magique. Lorsque vous franchirez ce seuil jusqu'à la lumière, vous pénétrerez dans une dimension où tout est possible. Avec calme et confiance, vous franchissez le seuil, vous traversez la lumière et vous vous retrouvez dans ce « lieu sûr » que vous aviez visualisé.

Explorez votre « lieu sûr ». Remarquez les détails, son apparence, les bruits et les odeurs. Imaginez-vous en train de faire l'expérience de tout ce que vous désirez. Parlez à tous ceux que vous croisez. Demandez-leur qui ils sont et ce qu'ils aimeraient vous dire. S'ils vous invitent à les suivre, accompagnez-les et soyez ouvert à ce qu'ils vous montreront. Rappelez-vous que vous êtes en sécurité et que rien ne peut vous faire du mal. Vous vous faites simplement des amis et vous apprenez ce que vous pouvez.

Quand vous serez prêt à partir, visualisez l'arche que vous avez franchie pour pénétrer dans ce monde. Entrez de nouveau dans la lumière blanche et retournez dans la forêt. Traversez le pont et suivez le sentier jusqu'à l'extérieur de la forêt.

(*Fin de la méditation*)

Prenez quelques profondes respirations et ouvrez les yeux. Réfléchissez à ce que vous venez de vivre et, si vous voulez tenir un journal, notez tout ce que vous vous rappelez à propos des anges que vous avez rencontrés et de ce qu'ils vous ont communiqué.

Vous n'avez rien à perdre et tout à gagner au contact des anges. Ils ont toujours été là pour vous aider sans que vous le sachiez. Après leur avoir ouvert votre cœur et votre esprit, vous vous demanderez pourquoi vous ne l'avez pas fait plus tôt !

6

Les anges gardiens

La principale différence entre les anges gardiens et les autres anges est qu'ils sont avec nous à chaque moment de la journée, et ce, dès notre naissance jusqu'au moment où nous arriverons dans l'Au-delà (et sans doute après). D'autres anges vont et viennent, alors que notre ange gardien nous colle littéralement à la peau.

Dans *Prier avec les anges*, Richard Webster le décrit très bien : « Les tâches de votre ange gardien sont de vous protéger, vous guider et prendre soin de vous au cours de votre vie. Il prend soin de votre âme autant que de votre corps. Les messages de votre ange gardien vous sont transmis par des pensées et des intuitions. Il s'agit du "murmure doux et léger" qui a parlé à Élie sur le mont Sinaï (1 Rois 19,12). [...] À la fin de votre vie, il transportera votre âme au ciel. »

La croyance aux anges gardiens remonte à fort long-temps. Dans son essai *The Holy Guardian Angel*, Aaron Leitch note que les cultures chamaniques des quatre coins du monde ont en commun ce concept d'un esprit gardien. En fait, c'est sans doute une des plus vieilles notions spirituelles sur la planète.

Dans son essai *Angels: a History of Angels in Western Thought*, Richard Ebbs souligne la croyance sumérienne voulant que chaque individu ait un «fantôme» lié à lui qui lui sert de compagnon durant toute sa vie. Des fouilles archéologiques ont permis de trouver des sculptures de pierre et des silhouettes humaines ailées peintes sur les murs de différents temples, ainsi que des autels qui sem-blaient être consacrés à des fantômes gardiens dans les mai-sons privées.

L'Avesta, l'ensemble des textes sacrés du zoroastrisme, faisait l'éloge des esprits gardiens appelés *fravashis* qui aidaient à maintenir l'équilibre de l'univers et veillaient sur les âmes individuelles quand elles pénétraient dans le monde matériel. Durant et après l'exil des Juifs à Babylone, le judaïsme a grandement été influencé par cette idée d'un représentant angélique personnel, même si le terme *malakhim* («messagers») pouvait tout aussi bien faire réfé-rence à des êtres humains qu'à des anges. Dans la Grèce antique, il y avait une croyance similaire à des esprits gar-diens envoyés par Dieu; dans *L'Apologie de Socrate* de Platon, Socrate affirmait avoir un *daimonion* («quelque chose de divin») qui l'avertissait verbalement des erreurs qu'il ris-quait de commettre, mais qui ne prenait jamais de décisions pour lui.

Les Mésopotamiens croyaient en des esprits gardiens appelés *shedu* (forme masculine) et *lamassu* (forme féminine). Une ancienne incantation servait à appeler un bon *shedu* à la droite d'un individu et un bon *lamassu* à sa gauche.

Le concept de deux anges gardiens, situés de chaque côté d'une personne, est apparu dans l'islam sous le nom de *kiraman katibin* («nobles scribes»); ce sont les anges qui notent chaque pensée, chaque sentiment et chaque action qu'une personne a ou fait durant sa vie. L'ange situé sur l'épaule droite note les bonnes actions, tandis que celui sur l'épaule gauche note les mauvaises actions. Les *Al-Mu'aqqibat* («protecteurs») protègent les gens de la mort jusqu'à ce que leur heure soit venue.

La Bible chrétienne soutient également la notion des gardiens spirituels. Dans Matthieu 18,10, Jésus parle des anges gardiens des enfants : «Gardez-vous de mépriser un seul de ces petits; car je vous dis que leurs anges dans les cieux voient continuellement la face de mon Père qui est dans les cieux.» Trois siècles et demi plus tard, saint Jérôme a déclaré : «Telle est la dignité des âmes humaines, que Dieu délègue à chacune d'elle dès le jour de sa naissance un ange pour la garder.»

Au XXᵉ siècle, le fondateur de l'anthroposophie, Rudolf Steiner, a poussé plus loin cette croyance. Il soutenait que les anges gardiens demeurent avec nous durant toutes nos incarnations. Après tout ce que j'ai vu et appris, j'ai tendance à être d'accord avec lui.

Est-ce que tout le monde a un ange gardien? Est-ce qu'il est toujours auprès de nous depuis notre naissance jusqu'à notre mort? Fait-il partie de notre «moi supérieur»? Est-il une entité distincte ? Bien que cela puisse sembler contradictoire, la réponse à toutes ces questions est OUI. Je crois que nous pouvons en venir à cette conclusion en nous fiant à notre expérience personnelle.

Un après-midi, peu de temps après le troisième anniversaire de nos enfants, Dan les a attachés dans leurs sièges de voiture pendant que j'attendais à côté de la fourgonnette. Soudain, les yeux de Geoffrey se sont agrandis à la vue de quelque chose derrière moi.

— Grand Geoffrey, a-t-il dit en pointant son doigt.

Je me suis retournée, mais je n'ai rien vu.

— Grand Geoffrey là-bas, a-t-il fait en pointant de nouveau son doigt.

Je lui ai naturellement demandé :

— Qui est Grand Geoffrey ?

— Grand Geoffrey, a-t-il répété en pointant quelque chose à l'extérieur de la fourgonnette.

Puis, il s'est pointé lui-même :

— Petit Geoffrey.

— Tu es Petit Geoffrey ? lui ai-je demandé

— Oui.

— Est-ce que Grand Geoffrey te ressemble ?

— Différent.

— Est-ce que tu parles de toi ? ai-je ajouté en me demandant s'il avait peut-être une vision de lui, plus âgé.

Mes garçons avaient à l'occasion des images résiduelles du passé et de ce qui semblait être des visions du futur.

— Non, a-t-il maintenu. Grand Geoffrey.

J'ai soudainement eu une inspiration.

— Est-ce que Grand Geoffrey est toi ou un ange ?

— Ange, a-t-il affirmé.

Puis, il a souri ; il semblait être content d'avoir enfin été compris. Il a laissé tomber le sujet et j'ai dû supposer qu'il parlait de son ange gardien. Mais pourquoi flottait-il derrière mon dos ? Avait-il encouragé les remarques de Geoffrey pour m'enseigner quelque chose, peut-être parce qu'il savait que je rédigerais un jour ce chapitre ?

J'ai toujours cru aux anges gardiens, mais je n'avais jamais vraiment réfléchi à leur nature. Quand j'étais petite, j'avais nommé une de mes premières poupées « Ange ». Avec ses longs cheveux blonds et sa frange sur le front, Ange semblait être une « version miniature de moi ». Maintenant, je me demande si je n'avais pas choisi son nom parce qu'elle symbolisait une version plus grande de moi.

Un soir, environ un an après mon contact avec « Grand Geoffrey », j'ai vécu une autre expérience étrange : une expérience paroxystique semblable à celle mentionnée au chapitre 2. Je traversais le salon pour aller chercher le boîtier d'un DVD, quand j'ai commencé à ressentir des picotements au sommet de mon crâne. Cela peut sembler insensé, mais j'ai eu l'impression que mon chakra couronne s'ouvrait. Tout d'un coup, une force puissante a pénétré en moi. La sensation s'est vite répandue dans mon cou, dans mes épaules et dans mes mains. Au bout d'une ou deux minutes, le « flot d'énergie » dans ma tête a cessé, mais tout mon corps me paraissait léger, comme si je pouvais flotter.

Croyez-moi, j'ai conservé la plupart des kilos que j'ai pris durant la grossesse de mes jumeaux. Ma silhouette est loin d'être « légère », mais je n'ai pas d'autres mots pour décrire ce que j'ai ressenti.

J'étais dans mon corps tout en étant détachée de lui. Mais je me sentais entièrement protégée et certaine que l'expérience était censée se produire. Toute parole semblait superflue. Je n'avais qu'à ressentir et à être.

Un peu plus tard, je suis demeurée étendue dans mon lit, en pleine noirceur... mis à part une étrange lueur qui émanait de mon corps. La sensation d'*être légère* s'évanouissait peu à peu, et pourtant, *j'avais l'air* d'une veilleuse humaine. Je n'ai pu m'empêcher de me demander si tout cela n'était que le fruit de mon imagination, mais non, la lumière était trop éclatante. Cela devait être vrai. J'ai soulevé les couvertures et j'ai regardé mes jambes. Même mes pieds brillaient.

Je me suis levée et j'ai marché sur la pointe des pieds jusqu'à l'ordinateur. Puis, j'ai tapé « symptômes » dans un moteur de recherche et j'ai parcouru les résultats.

Une des possibilités était que j'avais aperçu l'énergie de mon ange gardien sur moi et autour de moi. Selon une autre explication, je commençais à prendre conscience de mon « corps lumineux ».

Le corps lumineux serait le noyau de lumière d'une personne, une grille ou une matrice éthérée à l'intérieur de la forme humaine qui relie l'être physique, émotionnel, mental et spirituel dans une sorte de géométrie sacrée. C'est un champ électromagnétique d'énergie et d'information qui irradie du corps et déclencherait une résonance spécifique dans chaque cellule, en rehaussant la connexion de la personne avec la lumière de Dieu. Un nombre infini de personnes ont ressenti les mêmes symptômes physiques, qui sont censés être les signes du « processus de l'ascension ».

L'ascension serait la prochaine étape de l'évolution humaine, le passage de la conscience à trois dimensions vers une conscience à cinq dimensions (et même supérieure), durant lequel notre ADN apprend à retenir encore plus de lumière. D'autre la décrive comme une fusion avec notre moi supérieur qui se produit lorsque la plus grande partie de notre esprit provenant d'une dimension supérieure descend dans notre corps physique. La plupart des gens l'associent à une illumination spirituelle, au souvenir complet que nous ne faisons qu'un avec le Divin.

La lumière que j'avais vue était une preuve de mon corps lumineux et de mon ange gardien. Cet ange — le même qui avait provoqué mon « expérience paroxystique » quand j'avais huit ans — m'avait aidée à évoluer dans mon cheminement spirituel en infusant en moi l'énergie des dimensions supérieures et en élevant ainsi ma conscience de mon noyau *intérieur* de lumière et de la constante présence de mon ange gardien, que certains pourraient appeler une source *extérieure* de lumière.

Par ailleurs, en décembre dernier, j'ai dû effectuer des recherches sur l'histoire et la mythologie de l'Égypte antique pour la rédaction de ce livre. Les Égyptiens croyaient que chaque personne naissait avec un *ka*, un double spirituel invisible qui canalisait les forces créatrices de la vie à partir du Divin jusqu'à l'individu. Le dieu-créateur Khnoum — aussi appelé le « potier cosmique » ou le « seigneur des choses créées pour lui-même » — façonnait l'homme et son *ka* en même temps, et même si le *ka* pouvait représenter une âme humaine, il pouvait aussi le guider et le protéger. Pour les anciens Égyptiens, le *ka* était notre lien avec la vie éternelle.

Tout en lisant sur ce concept, je me suis rappelé un passage de *Conversations avec Dieu* (tome 3) de Neale Donald Walsch, dans lequel « Dieu » identifie l'emplacement de l'âme. « L'âme est *partout*, dans, à travers et autour de toi. C'est ce qui te contient. [...] L'âme *est plus grande que le corps*. Elle ne se transporte pas dans le corps, mais transporte le corps en elle. [...] L'âme, c'est ce qui te retient ensemble — tout comme *l'Âme de Dieu est ce qui contient l'univers et le retient ensemble*. » Ainsi, mon âme et l'âme de Dieu — « la même énergie coagulée, comprimée de façons différentes » — étaient en tout temps en moi et autour de moi.

Mon ange gardien, qui faisait partie des deux âmes, représentait essentiellement une constante étreinte de Dieu. À cette pensée, je me suis sentie incroyablement protégée et chérie, malgré mes nombreux défauts. Mais même à cela, mes recherches et mes réflexions ne suffisaient pas.

Mais à la fin, j'ai demandé aux anges une réponse définitive à la question que la plupart des lecteurs poseraient : les anges gardiens font-ils partie de nous ou sont-ils distincts de nous ? Voici mot pour mot la réponse que j'ai obtenue.

L'ange gardien est une entité en soi, créée à partir de l'âme de celui qu'il sert. Son essence est l'amour et la lumière de Dieu. Ainsi, il est à la fois votre moi supérieur et une entité distincte.

La vitesse à laquelle j'avais obtenu la réponse, de même que son ampleur et sa clarté m'ont stupéfaite. Mais j'ai continué de douter, bien que seulement quelques heures. J'ai reçu le même jour une confirmation « de la bouche des enfants ».

Après être revenus de l'école, Connor et Geoffrey ont joué dans leur chambre pendant que j'étais à l'ordinateur. À un moment donné, Geoffrey est allé dans la salle de bain. Quelques secondes plus tard, je l'ai entendu crier :

— Connor ! Je vois un ange !

— Oui, je sais, a répondu son jumeau.

Connor semblait plutôt blasé. Moi, par contre, j'ai quitté l'ordinateur pour aller voir.

— Il était juste là, m'a dit Geoffrey en pointant vers la baignoire. Il était violet; c'était donc un de tes anges.

Encore les anges violets!

En fait, pendant que j'étais assise à l'ordinateur, je *m'étais* demandé ce que Geoffrey faisait dans la salle de bain. Est-ce «qu'un de mes anges» — ou même un autre aspect de moi-même — était allé y jeter un coup d'œil?

Je me suis souvenu d'un «portrait» que Geoffrey avait fait de moi à la maternelle. Il avait colorié tout mon corps en violet (y compris ma tête!) et la région autour. Ma première impression avait été qu'une sorte de flamme violette m'enveloppait. En même temps, j'ai supposé que cela représentait mon aura; maintenant, je me demande si ce n'était pas mon ange gardien.

Geoffrey a ensuite poursuivi son explication:

— J'ai aussi un ange comme ça. Ils font partie de nous, mais ils sont plus grands et différents de nous. Ils veillent sur nous et nous protègent pour pas qu'on se blesse, comme les anges qui m'ont sauvé quand je me suis cogné la tête contre le pavé il y a quelques années. Tu t'en souviens?

Quelles étaient les probabilités que mon garçon aborde ce sujet le jour même où j'avais posé la question aux anges pendant qu'il était à l'école? Dans le chapitre 5, j'ai mentionné que les anges peuvent communiquer avec nous par l'entremise des enfants. Dans le présent cas, ils ont non seulement transmis de l'information, mais ils l'ont aussi confirmée.

Les anges gardiens sont des créations distinctes, qui font aussi partie de nous; ce sont finalement des expressions de celui que nous appelons « Dieu ». Il y a partout dans la nature des parallèles à cela. Un seul chêne produit des millions de glands, qui contiennent chacun l'essence ou le code génétique de sa source. Ce code génétique permet au gland de croître et d'adopter une forme aussi splendide que l'original.

Dieu est le chêne et vous êtes le gland. Votre ange gardien est l'intelligence qui détient le code génétique, la promesse de ce que vous pouvez devenir et *deviendrez*.

La vie est une incroyable aventure remplie de ralentisseurs de toutes sortes. Et même avant votre naissance, l'essence de votre esprit a été façonnée en une sentinelle sacrée, qui est en tout temps liée à vous et qui est dédiée au cheminement de votre âme, aussi ardu qu'il puisse être. Alors, si vous voulez bien me pardonner mon expression : « Bon courage, cher aventurier ! » Écoutez votre cœur, prenez des risques et extrayez chaque goutte de l'essence de la vie en sachant que votre ange gardien veille sur tout... et qu'il vous aime à chaque seconde.

La méditation suivante est conçue pour vous aider à rencontrer votre ange gardien. Veuillez vous référer à la méditation du chapitre 5 pour des instructions plus précises sur les trois étapes préparatoires : (1) exprimer quelle est votre intention; (2) effectuer un exercice rapide pour vous ancrer et vous purifier; (3) commencer la méditation.

Pour vous donner toutes les chances de réussir, vous devriez visualiser un lieu. L'idée principale est de visualiser une pièce confortable à l'intérieur d'un bâtiment qui donne accès aux grands espaces. (Ceci figure dans les deux prochaines méditations : la méditation pour rencontrer votre ange gardien et la méditation pour rencontrer vos guides spirituels.) Il devrait également y avoir deux fauteuils devant un foyer. La pièce pourrait être le « lieu sûr » que vous avez créé pour la méditation afin de rencontrer les anges. Le bâtiment peut être votre propre maison, votre maison de rêve, un cottage à la campagne, un château, etc. À vous de choisir.

Méditation pour rencontrer votre ange gardien

Imaginez-vous en train de marcher dans votre pièce confortable. Touchez ce qu'elle contient ; observez les détails. Vous êtes envahi de satisfaction et de paix dans ce lieu idéal. Maintenant, assoyez-vous dans un des fauteuils confortables devant le foyer. La chaleur qui émane de l'âtre vous détend. Vous regardez les flammes danser tandis que le feu crépite.

Soudain, le feu devient rouge éclatant. La force et la passion de cette couleur vous inspirent. Graduellement, elle prend une teinte orange qui vous donne un sentiment de vitalité et de capacité de créer tout ce que vous désirez. Au bout d'un moment, les flammes deviennent jaune pâle, une couleur qui s'harmonise avec vos émotions et vous emplit de confiance et de joie. Ensuite, le feu se transforme en un vert émeraude apaisant et thérapeutique qui ouvre votre cœur à l'amour et à la confiance. Vous vous sentez prêt à communiquer et les flammes réagissent en prenant des teintes d'un bleu éblouissant. Les couleurs imprègnent en vous un sentiment de liberté, puis elles adoptent divers tons de violet. Vos sens sont exacerbés. Votre troisième œil s'ouvre pour laisser entrer toute vision qui pourrait vous servir. Enfin, le feu réfléchit toute la lumière ; il semble être aussi blanc que la neige la plus pure.

En fixant cette lumière blanche, vous prenez conscience d'une présence qui est assise dans le fauteuil à côté de vous. Elle semble étrangement familière, comme si vous aviez toujours su qu'elle était là. Retournez-vous et accueillez votre ange gardien.

Remarquez les différents détails à propos de son apparence. Demandez-lui quel est son nom, si vous l'ignorez, et tout ce que vous aimeriez savoir. Demandez-lui comment vous pourriez mieux sentir sa présence constante. Laissez-le aborder tout sujet pertinent. Quand vous êtes prêt à ce que votre ange redevienne invisible, dites-lui au revoir et regardez-le disparaître de votre vue. Posez de nouveau votre regard sur les flammes, puis levez-vous pour étirer vos membres. Jetez un dernier coup d'œil à votre pièce spéciale et sachez que vous pouvez y revenir chaque fois que vous le désirez.

(*Fin de la méditation*)

Prenez quelques profondes respirations et ouvrez les yeux. Réfléchissez à ce que vous venez de vivre et, si vous voulez tenir un journal, notez tout ce que vous vous rappelez à propos de votre ange gardien et de ce que vous avez appris.

Les maîtres ascensionnés : les gardiens de l'humanité

Superviser la croissance spirituelle d'une planète entière n'est pas une tâche facile, mais quelqu'un doit l'accomplir ! Qui de mieux placés que ces êtres illuminés que sont les maîtres ascensionnés ?

Ce sont de grands enseignants, guérisseurs et prophètes qui ont déjà vécu sur Terre, mais qui protègent et guident la race humaine en évolution à partir du royaume des esprits. Ils viennent de toutes les cultures à travers le monde, et durant leur vie terrestre, ils nous ont rappelé que nous sommes tous des fils et des filles de Dieu. Parce qu'ils ont atteint des états de conscience spirituelle si élevés, ils ont servi — et servent encore — d'exemples sur la façon de nous harmoniser à l'énergie de la source. Leur relation avec Dieu supplante toute pratique religieuse ; ils aiment et respectent tous ceux et celles qui cherchent la lumière et leurs différents cheminements spirituels.

La liste suivante des maîtres ascensionnés n'est certes pas complète, mais voici quelques-uns des principaux personnages :

Babaji

Mahavatar Babaji était un saint hindou et un gourou, responsable de la résurgence du Kriya Yoga. Il aurait dit à son disciple Lahiri Mahayasa : « Le Kriya Yoga que j'offre au monde par ton intermédiaire en ce XIXe siècle est un renouveau de la même science que Krishna a donnée, il y a des millénaires, à Arjune, et qui a plus tard été connue de Pantajali et du Christ, de saint Jean, de saint Paul et des autres disciples. » Entre 1861 et 1924, Babaji est apparu — toujours sous la forme d'un jeune homme — à plusieurs endroits près de l'Himalaya, mais beaucoup de gens croient qu'il a vécu pendant plus de 1 800 ans avant d'esquiver la mort et que son corps connaisse une ascension. Ses miracles reconnus comprennent entre autres la lévitation, la guérison des malades, la résurrection des morts, la capacité de passer à travers la matière solide, la manifestation de toute nécessité et la bilocation, qui sont tous associés aux *shiddis* (habiletés « surnaturelles » en grande partie acquises par la pratique de la méditation et du yoga). Selon le livre *Autobiographie d'un yogi* de Yogananda, publié en 1946, Babaji était un *avatar* (mot sanscrit qui fait référence à l'incarnation d'une divinité sur Terre) qui communie avec un autre maître, Jésus ; ils travaillent ensemble en émettant des vibrations de paix et de rédemption pour inspirer l'évolution spirituelle de l'humanité. Beaucoup de gens croient que Babaji était Krishna dans une vie antérieure. Krishna était apparemment un véritable personnage historique considéré par un grand nombre comme étant la huitième incarnation de Vishnou, la divinité omnisciente, omniprésente et pacifique de la trinité hindoue. Les érudits situent habituellement sa naissance entre 3200 et 3100 ans av. J.-C., mais une nouvelle date — le 21 juillet 3228 av. J.-C. — déterminée par un logiciel d'astrologie gagne de plus en plus d'adhérents.

Aide apportée pour ce qui suit : les exercices de respiration (modification consciente de la respiration pour des bienfaits physiques, psychologiques ou spirituels, comme dans la pratique du yoga et du tantrisme), la manifestation (créer ou attirer ce que vous désirez), l'élimination des dépendances, la patience, la croissance spirituelle, l'abandon et le yoga.

Bouddha

Le prince Siddharta Gautama est né à Lumbini (dans le Népal moderne) vers 563 av. J.-C. ; un voyant avait alors prédit qu'il deviendrait un grand roi ou un sauveur de l'humanité. À l'âge adulte, il était déterminé à éliminer la souffrance humaine et, à 29 ans, il a renoncé à sa richesse et à son titre royal pour mener une vie ascétique. Incapable d'atteindre l'illumination, il a pris conscience qu'aucun extrême — s'accorder tous les plaisirs ou renoncer à tout — n'était la solution. La « voie moyenne » (tout en modération) et la méditation créaient le chemin le plus harmonieux.

À 35 ans, alors qu'il méditait sous un immense figuier —
plus tard appelé l'arbre de la Bodhi —, il a atteint l'illumination. En tant que *bouddha* (« l'éveillé »), il a parcouru avec ses
disciples les plaines nordiques de l'Inde et a enseigné sa
philosophie spirituelle. Plus tard dans sa vie, il a fondé une
communauté de moines et une communauté équivalente de
nonnes. Les premiers documents écrits datent du règne
d'Asoka (environ 269-232 av. J.-C.), mais avant cela, les disciples de Bouddha ont appris par cœur ses enseignements
et ils les ont transmis oralement. Le canon bouddhique, le
Tipitaka, a été écrit autour de 83 av. J.-C. et il fait presque
11 fois le volume de la Bible chrétienne! Les sutras du
Mahayana (récits scripturaux) ont suivi peu de temps après.
Même si Bouddha décourageait les autres de suivre sa
voie simplement parce qu'ils observaient ses pouvoirs
miraculeux, on a rapporté qu'il avait visité le monde des
esprits, qu'il s'était rappelé un nombre infini de vies antérieures, qu'il avait marché ou avait fait de la lévitation au-
dessus d'un ruisseau et qu'il avait séparé en deux des
eaux de crue pour avancer sur un chemin sec. Son plus
grand miracle est le fait qu'après plus de 2500 ans, le bouddhisme s'est répandu grâce à la persuasion et non la force.
La paix — dans ce monde et dans tous les mondes — est le
principal but du bouddhisme.

Aide apportée pour ce qui suit : l'équilibre en toutes choses,
la joie, la méditation, la paix et la compréhension
spirituelle.

El Morya

El Morya a été mentionné pour la première fois en tant que
maître ascensionné par Helena Blavatsky, la co-fondatrice

de la Société théosophique, vers la fin des années 1800. La société enseignait la philosophie spirituelle appelée la théosophie («sagesse de Dieu» ou «sagesse divine»), qui cherchait à unifier les croyances et les pratiques de la science, de la philosophie et de la religion, c'est-à-dire du corps, de l'esprit et de l'âme. El Morya serait venu sur Terre sous diverses incarnations, soit le fils d'Énoch, un disciple de Zarathoustra, le maître maçon de la grande pyramide, Abraham (patriarche du judaïsme, du christianisme et de l'islam), Melchior (un des trois rois mages qui a rendu hommage à l'enfant Jésus), Thomas Becket, Sir Thomas More et Akbar le Grand. Sa dernière incarnation serait apparemment celle d'un prince Rajput du XIXe siècle qui, selon bon nombre de gens, était Ranbir Singh, le fils du maharaja Gulab Singh. De nos jours, il est considéré comme le Chohan (seigneur ou maître) du Premier rayon (bleu) de la volonté de Dieu. D'ailleurs, le concept des Sept rayons — les rayons de lumière qui émanent de la divinité et qui «illuminent» les êtres humains — ne vient pas de la théosophie; il figure dans le symbolisme hindou et chrétien, ainsi que dans les mythologies de l'Égypte, de la Grèce et de la Rome antiques.

Aide apportée pour ce qui suit : la foi, les questions juridiques, la protection et la capacité de demeurer ancré.

Saint François d'Assise

Né Giovanni Francesco di Bernardone, à Assise, en Italie, vers 1182, saint François est devenu un des personnages les plus aimés de l'histoire chrétienne. Son mode de vie simple, ses œuvres de charité, sa profonde spiritualité, son amour de la nature, sa capacité surnaturelle de communiquer avec les animaux et sa perspective universelle — selon laquelle toutes choses vivantes ne forment qu'une famille et sont tout aussi importantes — étaient comme une bouffée d'air frais. Il voyait même Dieu comme étant à la fois une mère et un père, et il reconnaissait son propre côté féminin. Le 16 avril 1209, le pape Innocent III a approuvé la règle de saint François qui a finalement englobé trois ordres : l'ordre des Frères Mineurs, l'ordre des Pauvres Dames et l'ordre des Frères et Sœurs de la Pénitence. Durant sa vie terrestre et en esprit, il était exactement ce qu'il cherchait à être et comme il est décrit dans sa célèbre prière : un instrument de paix. Il aurait dit : « Si précieuse est la foi d'une personne en Dieu, si précieuse ; nous ne devrions jamais l'attaquer. Parce qu'Il a donné naissance à toutes les religions. »

Aide apportée pour ce qui suit : le choix d'une carrière significative, la communication avec les animaux, l'écologisme, la guérison des animaux, la reconnaissance et l'acceptation de nos responsabilités individuelles et globales, le souvenir de notre mission de vie et la dévotion spirituelle.

Jésus (Yeshoua)

Les avis sont partagés sur les dates de sa naissance et de sa mort : la première se situerait entre 8 et 2 avant notre ère, tandis que sa mort aurait eu lieu entre l'an 29 et 36 de notre ère. Même la durée de son ministère — de un à trois ans — est débattue. N'empêche que ce ministère a eu une profonde influence sur le monde. Comme tous les grands enseignants spirituels, Jésus a inspiré l'humanité à avoir une conscience supérieure et à se libérer du « péché » (c'est-à-dire de la négativité et de la dette karmique) avec le message que « le royaume des cieux est en vous ». NON PAS DISTINCT ET À PART. Selon l'évangile de saint Thomas, Jésus a souligné que Dieu « est à l'intérieur de vous et il est à l'extérieur de vous. Lorsque vous vous connaîtrez, alors on vous connaîtra, et vous saurez que c'est vous les fils du Père qui est vivant. Mais si vous ne vous connaissez point, alors vous serez dans un dénuement, et vous serez le dénuement. » Beaucoup croient que le nom de ses dimensions intérieures ou son identité spirituelle est « Sananda ».

Aide apportée pour ce qui suit : la réception claire de la guidance divine, la foi, le pardon, les guérisons de tous genres et la manifestation.

Kuthumi

Selon les chercheurs théosophiques, Kuthumi est un maître ascensionné dont les incarnations comptent notamment : Thoutmosis III, le sixième pharaon de la 18ᵉ dynastie d'Égypte ; Pythagore, le philosophe et le mathématicien grec ; Périclès, l'homme d'État d'Athènes ; Balthasar, le roi mage — qui aurait été le roi d'Éthiopie — qui a apporté de l'encens à l'enfant Jésus ; le shah Jahan, un empereur moghol de l'Inde ; et finalement, Thakar Singh (1937-1887), un activiste sikh qui a cherché à faire remonter sur le trône, à titre de maharaja du Punjab, son cousin Duleep Singh.

Aide apportée pour ce qui suit : l'investissement dans votre mission de vie, la concentration et la motivation.

Melchisédech

Selon le texte spirituel que vous consultez, Melchisédech est soit le fils de Noé, le neveu de Noé, l'archange Michel, une incarnation antérieure de Jésus ou un ordre d'êtres divins, dont un se serait incarné 1973 ans avant la naissance de Jésus pour enseigner le concept d'un seul dieu universel et pour annoncer qu'un autre fils de Dieu (Jésus) naîtrait d'une femme et deviendrait, comme le dit la Bible, « un prêtre à jamais selon l'ordre du roi Melchisédech ». Toutes ces visions ont deux points communs : Melchisédech était : (1) un roi-prêtre de Salem (Jérusalem) et (2) un enseignant d'Abraham. L'épître aux Hébreux 7,3 le décrit comme n'ayant « ni commencement de jours, ni de fin de vie, mais qui est rendu semblable au Fils de Dieu — ce Melchisédech demeure sacrificateur à perpétuité ». Le Tanakh (la Bible hébraïque) parle du pain et du vin que Melchisédech a offert en cadeau à Abram (Abraham) et il est dit que ce présent a annoncé l'utilisation du pain et du vin par Jésus lors de la dernière Cène.

Aide apportée pour ce qui suit : l'équilibre et l'harmonie des énergies (comme avec la thérapie par les couleurs ou le feng shui), la purification des chakras, une meilleure compréhension des concepts spirituels grâce à la géométrie sacrée (décrite dans le chapitre 3, à la section de l'archange Métatron), la guérison, la paix intérieure, la manifestation et la protection contre les attaques psychiques.

Moïse

Il s'appelle *Moshe* en hébreu, mais un grand nombre d'érudits croient que le nom « Moïse » était un diminutif du nom beaucoup plus long d'une divinité égyptienne ; d'après eux, ce serait Ramosé, qui signifie « fils de Ra » ou « Ra est né ». Bien qu'il ait été élevé à la cour d'Égypte, Moïse a libéré le peuple hébreu de l'Égypte et il est devenu le plus important prophète du judaïsme. Le christianisme, l'islam et d'autres religions, tel que le bahaïsme, le considèrent également comme un prophète. Selon la tradition, la Torah — les cinq premiers livres de l'Ancien Testament de la Bible — a été révélée à Moïse sur le mont Sinaï. Les avis sont encore partagés sur l'emplacement de cette mystérieuse montagne, mais certains croient qu'il s'agirait du volcan éteint Hala el-Badr en Arabie Saoudite, du mont Catherine en Égypte ou du mont Hashem el-Tarif. Peu importe la vérité, les historiens modernes croient que l'Exode (la grande fuite des Israélites) a eu lieu entre 1290 et 1211 avant notre ère. Selon les enseignements du maître ascensionné, Moïse s'est réincarné en tant qu'Ananda, le principal disciple de Gautama Bouddha et en un seigneur médiéval chinois appelé Seigneur Ling.

Aide apportée pour ce qui suit : le courage, la foi, les interactions avec les figures d'autorité, le leadership et la capacité de vivre dans le moment présent.

Mère Marie

Les récits de conceptions et de naissances miraculeuses existent dans de nombreuses cultures. Par exemple, datant du

XIVᵉ siècle av. J.-C., la scène de la nativité d'Amenhotep III — incluant l'annonce, la conception, la naissance et l'adoration — est gravée sur les murs du Temple de Louxor. Quoi qu'il en soit, la mère de Jésus (Yeshoua) est devenue une des femmes les plus aimées de l'histoire. Bien que la secte chrétienne collyridienne vénérait Marie en tant que Déesse Mère, la majorité des chrétiens la révéraient en tant que mère de leur sauveur et, par extension, la mère spirituelle du «croyant». L'Église catholique romaine lui a donné différents titres tels que la sainte Vierge, la reine des Cieux et la Reine des anges, et elle est devenue une protectrice — et la médiatrice — de l'humanité. Les textes musulmans la place au-dessus de toutes les femmes de sa génération : «Et un jour, les anges dirent à Marie : "Ô Marie! Certes, Dieu t'a élue et purifiée, et t'a préférée à toutes les femmes de la création".» (Coran 3,42) «Quant à celle qui a maintenu sa virginité, nous avons soufflé en elle de notre esprit et, ainsi, nous avons fait d'elle et son fils un signe prodigieux pour le monde entier.» (Coran 21 :91) Beaucoup croient que Marie travaille avec les anges pour créer des miracles, et comme le bodhisattva «oriental» («être illuminé») Guanyin, elle incarne parfaitement la compassion, l'indulgence et la grâce féminine. Des apparitions de Marie ont été rapportées partout dans le monde. Certaines des plus connues ont eu lieu aux endroits suivants : sur le Tepeyac au Mexique ; à Lourdes en France ; à Fátima au Portugal ; dans le district de Zeïtoun au Caire, où des milliers de gens, y compris le président égyptien Gamal Abdel Nassar, ont été témoins de son apparition ; et à Assiout en Égypte, entre août 2000 et janvier 2001, au cours de laquelle des milliers de gens ont pris des photographies ou ont filmé la scène récurrente.

Aide apportée pour ce qui suit : tout ce qui est relié aux enfants et à ceux qui en prennent soin, la guérison, l'amour, la prière et la protection.

Saint Padre Pio

« On peut rechercher Dieu par l'étude et dans les livres ; mais c'est en méditant qu'on le trouve. » C'est ce que disait Pio de Pietrelcina, né Francesco Forgione, un prêtre italien qui, malgré sa mauvaise santé, a guéri miraculeusement des gens et est devenu un symbole d'espoir après la dévastation de la Première Guerre mondiale. Son corps a été recouvert de stigmates et il faisait de la lévitation ; il prédisait aussi l'avenir et il est apparu en même temps sur deux continents différents (bilocation). Il possédait aussi le don de la glossolalie (« parler en langues ») et il communiquait souvent avec les anges gardiens, qui l'aidaient parfois à accorder des faveurs et des guérisons avant même qu'on le lui demande. « Je ferai plus de bruit après ma mort que durant ma vie. », disait-il souvent. « Ma mission commence après ma mort. » Le 23 septembre 1968, juste avant 2 h 30, il a dit : « Je vois deux mamans. » Puis, au moment de pousser son dernier souffle, il a murmuré : « Maria ! » Plus d'une centaine de milliers de personnes ont assisté à son Requiem et il a plus tard été canonisé par le pape Jean-Paul II. Des années auparavant, alors que ce pape était encore un jeune prêtre nommé père Karol Józef Wojtyla, Padre Pio lui aurait dit qu'il occuperait un jour la « plus haute fonction de l'Église ». Une autre prédiction, en 1959, Padre Pio a dit : « Lorsque la crypte sera bénie, Dieu rappellera Padre Pio au bercail. » Et c'est le 22 septembre 1968 que l'évêque a béni la crypte qui avait été construite pour Padre Pio.

Aide apportée pour ce qui suit : la foi, le pardon, la guérison, l'optimisme, la prophétie, la capacité de transcender la douleur chronique et la croissance spirituelle.

Saint-Germain

À ne pas confondre avec un saint catholique ou le pittoresque quartier parisien, le comte de Saint-Germain avait une personnalité fuyante et il entretenait le mystère partout où il allait. Aristocrate d'origine inconnue — sans doute le fils de Francis II Rákóczi, le prince de Transylvanie —, Saint-Germain était décrit comme un brillant artiste, un musicien, un linguiste, un alchimiste, un scientifique, un inventeur, un voyant, un aventurier et un agent secret. Voltaire l'appelait « un homme qui n'est jamais né, qui ne mourra jamais et qui sait tout ». En effet, des documents indiquent que son apparence physique — qui laissait croire qu'il avait entre 40 et 50 ans — est demeurée inchangée pendant plus d'un siècle ! Bon nombre de gens affirment qu'il était beaucoup plus âgé, qu'il était en fait Francis Bacon qui aurait feint de mourir le dimanche de Pâques, en 1626. Alors qu'un document fait mention de sa présence à Venise à la fin des années 1600, il est apparu sur la scène sociale européenne autour de 1740 où il aurait fréquenté des personnages célèbres tels que Jean-Jacques Rousseau, Giacomo Casanova, Anton Mesmer, le prince Charles de Hesse-Kassel, Louis XV, madame de Pompadour, Marie-Antoinette, le comte di Cagliostro et Catherine la Grande. Il pouvait prétendument transformer le plomb en or et il était associé à un certain nombre de sociétés ésotériques, y compris l'ordre de la Rose-Croix, les Illuminati et les Francs-maçons. Certains disent qu'il a inspiré les Pères fondateurs à rédiger la Déclaration d'indépendance des États-Unis ainsi que la Constitution. Il aurait apparemment fait croire à sa mort, le 27 février 1784, étant donné que des témoins crédibles l'ont vu à de nombreux endroits après cela.

Aide apportée pour ce qui suit : le courage, l'orientation, les interactions avec des figures d'autorité, la persévérance, la protection psychique et l'alchimie spirituelle.

Sérapis Bey

Selon les enseignements du maître ascensionné, Sérapis Bey est le Chohan du Quatrième rayon (blanc) de la pureté, de l'harmonie et de la discipline de Dieu. Ses incarnations antérieures comprenaient le pharaon égyptien Amenhotep III et le roi de Sparte Léonidas. On croit également qu'il a vécu au VIe siècle av. J.-C. en tant que Confucius — connu en Chine sous le nom K'ung fu-tzu —, dont les enseignements étaient tellement érudits qu'ils sont devenus la philosophie officielle de la Chine durant deux milliers d'années. Confucius préconisait l'harmonie et l'ordre divin en soi, la famille et la société en tant qu'entité, et il défendait ce qu'il appelait la «règle d'or» de la réciprocité. «N'imposez pas aux gens ce que vous ne voudriez pas pour vous-même.» Au XIXe siècle, Sérapis Bey aurait prétendument travaillé avec El Morya, Kuthumi et d'autres maîtres ascensionnés pour créer la Société théosophique.

Aide apportée pour ce qui suit : les projets créatifs, les relations harmonieuses (personnelles et générales), l'intuition, l'honnêteté envers soi-même et les autres, la motivation, l'élimination des dépendances, la recherche et la réflexion.

Salomon

Selon les textes anciens, Salomon — du mot hébreu *Shelomoh* (« paix » ou « entier »), aussi connu sous le nom de *Sulayman* (« homme de paix ») en arabe romanisé — était le troisième roi de la monarchie unifiée, c'est-à-dire les royaumes d'Israël et de Juda. Il a régné durant 40 ans, au Xe siècle av. J.-C. et il a fait construire le premier temple de Jérusalem, où était conservée l'Arche d'alliance. Loué pour sa sagesse, le roi Salomon est néanmoins un personnage controversé du point de vue judaïque et chrétien. Cependant, les historiens modernes croient que ce sont des questions politiques et économiques — non pas l'idolâtrie — qui ont causé une division au sein de son royaume. Les fouilles archéologiques laissent croire que les Israélites ordinaires vénéraient Dieu à la fois en tant que Yahvé et sa contrepartie féminine Asherah, et que la croyance en « Yahvé uniquement » ne s'est répandue que beaucoup plus tard, durant et après leur exil à Babylone. Quand Salomon vénérait des divinités étrangères, il suivait non seulement les traditions en vigueur, il était également un chef courtois et un fin politicien. L'Église orthodoxe grecque et l'islam le considèrent comme un prophète et les légendes arabes louent ses habiletés de guerrier et son amour des chevaux. Le Coran raconte qu'il régnait sur les êtres invisibles, appelés djinns, et *Le Testament de Salomon* (compilé entre le Ier et le IIIe de notre ère) le confirme en décrivant son utilisation d'un anneau magique et de son seau à cinq pointes que lui avait donné l'archange Michel. Salomon et son père, le roi David, comprenaient le langage des oiseaux et, en tant qu'adeptes de la kabbale, ils étaient au courant d'un grand nombre des merveilles du monde, cachées aux êtres humains.

Aide apportée pour ce qui suit : la magie divine, l'étude de la kabbale, une grande perspicacité, la manifestation, la purification d'un espace (négativité chassée) et la compréhension.

Sainte Thérèse de Lisieux

Née Marie-Françoise-Thérèse Martin en 1873, cette carmélite française n'a vécu que 24 ans, mais elle a inspiré des millions de gens — y compris différentes personnes comme Anaïs Nin et mère Teresa de Calcutta — avec son autobiographie *L'Histoire d'une âme* et sa façon de voir Dieu dans les événements ordinaires. Elle a elle-même été grandement inspirée par les travaux du mystique espagnol et saint catholique du XVIe siècle, Jean de la Croix. Elle incarnait l'archétype de l'enfant prodigieux et elle croyait que l'amour divin, qui crée chaque chose unique, la protégeait et la soutenait. Pour elle, la peur de Dieu était un concept étrange. «Je suis d'une nature telle que la crainte me fait reculer ; avec l'amour, non seulement j'avance mais je vole ! », a-t-elle écrit. Elle a également affirmé : «Je croyais depuis longtemps que le Seigneur est plus tendre qu'une mère. [...] Les enfants causent toujours des ennuis ; ils tombent par terre, ils se salissent, ils brisent des objets — mais cela ne diminue pas l'amour que leurs parents ont pour eux. » À propos de la prière, elle a écrit : « Je fais comme les enfants qui ne savent pas lire, je dis tout simplement au Bon Dieu ce que je veux lui dire, sans faire de belles phrases, et toujours Il me comprend. » Elle est morte en 1897 et, avant sa mort, elle aurait dit : « Vous verrez, après ma mort, je ferai tomber une pluie de roses. Ma mission va commencer, la mission de faire aimer le Bon Dieu comme je l'aime. Je veux passer mon temps au Ciel à faire du bien sur la Terre. » Elle a apparemment tenu parole. Des milliers de miracles — dont plusieurs se sont produits des années avant qu'elle ne soit canonisée — lui ont été attribués. Durant la Première Guerre mondiale, des soldats des deux camps des champs de bataille ont décrit qu'ils avaient eu la vision d'une jeune religieuse, qu'ils croyaient être Thérèse, en train de réconforter les hommes blessés durant le combat. Un pilote français avait même peint une image d'elle sur l'aile de son avion ! Le pape Jean-Paul II l'a nommée docteur de l'Église en 1997.

Aide apportée pour ce qui suit : la confiance associée à une âme d'enfant, le jardinage, la guérison de maladies ou de blessures, la protection de toute méchanceté, la sécurité des pilotes d'avion et de l'équipage, et les conseils d'ordre spirituel.

Yogananda

Né Mukunda Lal Ghosh, le 5 janvier 1893, Paramahansa Yogananda était un yogi et un gourou indien qui a fait connaître aux « Occidentaux » la méditation et le Kriya

Yoga, qu'il avait appris de son propre gourou, Swami Sri Yukteswar Giri, un disciple de Lahiri Mahasaya, qui a appris cet art directement de Mahavatar Babaji. Tout comme Sri Yukteswar, Yogananda croyait en l'unité essentielle de toutes les religions ; il croyait aussi qu'un équilibre entre l'activité frénétique de l'Occident (une expression de la vie) et le calme de l'Orient (l'appréciation de la vie) était nécessaire. Il disait ceci des miracles : « Les pouvoirs soi-disant miraculeux des grands Maîtres sont la conséquence naturelle d'une connaissance précise des lois subtiles opérant dans ce cosmos intérieur qu'est la conscience. Rien ne peut, en vérité, être qualifié de "miracle", excepté dans ce sens profond que tout est miracle. » En 1920, il s'est rendu à Boston, au Massachusetts, comme représentant de l'Inde à un congrès international des religions libérales et il a fondé peu de temps après la *Self-Realization Fellowship* (SRF) [*Communauté de la réalisation de soi*]. Des milliers d'individus ont assisté à ses conférences et, quelques années plus tard, il a établi le siège de la SRF à Los Angeles. Il est brièvement retourné en Inde entre 1935 et 1936 — quand Sri Yukteswar lui a fait l'honneur de lui donner le titre monastique de *Paramhansa* (« cygne suprême ») — mais il a vécu le reste de sa vie aux États-Unis. Il a publié différents livres y compris *Dans le sanctuaire de l'âme*, *À la source de la lumière*, *La science de la religion* et le livre à succès *Autobiographie d'un yogi*, qui a été sur la liste des « 100 meilleurs livres de spiritualité du siècle » en 1999. Il est mort le 7 mars 1952 à l'âge de 59 ans.

Aide apportée pour ce qui suit : toutes formes de guérison, l'équilibre, une communication claire avec Dieu, la méditation, l'unification des croyances religieuses, la paix dans le monde et le yoga.

Dieu se révèle de manières infinies — de même que par l'entremise de différents individus comme les maîtres ascensionnés — précisément parce qu'il *est* infini et omni-présent. Une source unique aux nombreux visages, chacun conçu pour nous rappeler que notre vraie nature est l'Esprit et qu'ensemble, nous ne faisons qu'un.

Si ces personnes ont piqué votre curiosité, il existe une grande quantité d'ouvrages sur ces dernières et sur d'autres maîtres ascensionnés. La liste de lectures recommandées à la fin de ce livre pourrait constituer un bon départ.

Vous pouvez rencontrer les maîtres ascensionnés au moyen de la Méditation pour rencontrer les anges, pré-sentée à la fin du chapitre 5. Il suffit, dans votre intention, de vous concentrer sur un ou plusieurs maîtres ascen-sionnés. Ou vous pouvez simplement entrer en contact avec des maîtres ascensionnés spécifiques en vous adressant à eux — dans votre esprit ou à voix haute —, tout comme vous le feriez avec les anges. Comme avec ces derniers, la façon la plus facile de vous adresser aux maîtres ascen-sionnés est de leur parler avec votre cœur et dans vos propres mots. Il n'y a pas de bonne ou de mauvaise façon de le faire. En d'autres termes, soyez vous-même.

Si vous avez encore quelques hésitations, voici deux exemples :

Pour entrer en contact avec Melchisédech : « Melchisédech, j'accueille ta puissante présence. De grâce, chasse toutes les énergies négatives. Transforme cette situation afin qu'elle reflète les lois spirituelles les plus élevées et crée la meilleure issue pour toutes les personnes concernées. Guide mes pensées, mes paroles et mes actions concernant (insérez le problème) et protège-moi de toutes les façons. J'ai confiance en ta sagesse et je sais que tu vas m'aider. Merci.»

Pour entrer en contact avec saint François : «Saint François, de grâce, rappelle-moi quelles étaient mes objectifs pour cette présente vie et guide-moi vers les occasions parfaites pour utiliser les talents et les habiletés dont Dieu m'a doté. Aide-moi à être un canal pour que l'énergie divine influe sur le monde positivement. Merci.»

Référez-vous à l'annexe pour consulter la liste en ordre alphabétique des besoins spécifiques et des maîtres ascensionnés qui y sont associés.

8

Les autres esprits gardiens et les fées

Maintenant, accrochez-vous. Notre enquête est sur le point de prendre un virage fantastique. J'utilise le terme «fantastique» parce que certains lecteurs pourraient considérer la prochaine liste de gardiens comme fantasmagorique ou grandement improbable. Cependant, beaucoup d'entre vous vont reconnaître ces êtres, que ce soit à partir de votre expérience personnelle ou parce qu'ils correspondent à ce que vous présumez que votre enfant a imaginé. Peu importe votre position, veuillez garder l'esprit ouvert et vous rappeler que des milliers de gens ont affirmé être entrés directement en contact avec de tels gardiens.

Je parle des êtres élémentaux, les elfes, les fées et même les créatures mythologiques telles que les dragons et les licornes. Comme D. J. Conway l'affirme dans *Guides, gardiens et anges* : «Si vous êtes amical et accueillant envers ces êtres uniques, vous découvrirez rapidement qu'ils sont nombreux à vous suivre partout. Ils sont fantastiques pour ce qui est d'élever les vibrations de votre environnement. [...] Et les créatures mythiques, je pense entre autres aux dragons, sont de puissants protecteurs».

De tels gardiens viennent du royaume élémental — qui est associé aux éléments de la nature — et du royaume des esprits. Le premier comprend les élémentaux, les fées, les dévas et les dryades, dont nous allons discuter. Le deuxième royaume, duquel nous avons déjà exploré les anges et les maîtres ascensionnés, comprend les esprits des êtres humains et des animaux. Plongeons maintenant dans ces deux mondes, un à la fois.

Le royaume élémental

Enfant, je sentais et je respectais la force vitale qui circule dans le monde de la nature, mais ce n'est qu'à 25 ans que j'ai aperçu pour la première fois l'aura autour des plantes, et j'étais encore plus âgée quand j'ai découvert des scientifiques tels que Sir Jagdish Chandra Bose et Cleve Backster. Leurs recherches démontraient que les plantes communiquent au moyen de signaux chimiques et électriques en réagissant aux stimuli d'une manière plutôt «sensorielle».

Si les plantes — tout comme les animaux — sont non seulement en vie mais conscientes, ne voudraient-elles pas recevoir de l'aide spirituelle, comme les êtres humains? Puisque l'univers n'est qu'amour inconditionnel, cet amour se répandrait donc sur tout.

Le Talmud traite de ce sujet : «Chaque brin d'herbe a son ange qui se penche sur lui et murmure : "grandis,

grandis". » L'énergie de l'aura est évidente autour de l'herbe, mais ce n'est qu'une partie du grand tout. Chaque élément de la création est tellement aimé qu'il a son propre ange gardien. Croyez-le ou non, les esprits de la nature peuvent servir en ce sens.

Beaucoup de gens classent les fées comme faisant partie du royaume élémental. D'autres réservent ce monde aux éléments en soi — la terre, l'air, le feu et l'eau — ainsi qu'aux gardiens (les Tours de guet) et aux forces (les Dragons et les Vents) de leurs points cardinaux correspondants : le nord, le sud, l'est et l'ouest. De toute évidence, les esprits de la nature sont difficiles à cataloguer. Les rencontres avec eux sont grandement subjectives, mais les êtres humains qui en font l'expérience en ressortent toujours avec de vives impressions et la croyance ferme que ces êtres sont réels.

Les élémentaux

Les élémentaux sont des esprits de la nature qui sont associés aux quatre éléments : les gnomes sont associés à la terre, les sylphes à l'air, les salamandres au feu et les ondines à l'eau. Ils sont présents chaque fois qu'il y a de la « magie » et ils reçoivent leurs ordres des dévas, des forces d'intelligence divine dont nous discuterons sous peu.

La présence des esprits de la nature est ressentie depuis longtemps dans différentes cultures. Prenez par exemple le shintoïsme, une religion japonaise, qui reconnaît un grand nombre de *kamis* — des divinités et des esprits de la nature — qui peuvent être des forces de la nature ou des éléments du paysage, par exemple, des rochers ou des cavernes. Dans *Working with Earth Energies*, David Furlong indique : « Les êtres qui habitent dans ces royaumes sont aussi conscients que vous et moi, même s'ils ont de toute évidence une manière différente d'entrer en contact avec le monde physique qui nous entoure. »

Ces esprits de la nature sont attirés par les jeunes enfants et ils leur apparaissent souvent. Comme Furlong l'affirme : « L'enfant qui prétend avoir vu une "fée" pourrait effectivement dire la vérité. Avec un peu d'entraînement, il est possible de sentir leur présence et, si vous avez de la chance, de les voir par clairvoyance. »

Dans *How to Meet and Work with Spirit Guides*, Ted Andrews explique que les élémentaux ont certaines caractéristiques, tandis que les esprits de la nature, tels que les fées et les elfes, ont des personnalités distinctes. « Par exemple, dans une famille, il peut y avoir une caractéristique ou un trait particulier que tous les membres possèdent — une tendance à devenir chauve, la minceur, un nez pointu, etc. — mais chaque individu affichera une personnalité "unique", malgré ce trait commun. »

Voici un peu d'information sur les quatre types d'élémentaux.

Les gnomes

Les gnomes sont les élémentaux de la terre. Ils maintiennent la structure solide et physique de la planète : les roches, les pierres, les minéraux, les pierres précieuses, les collines et les montagnes. Ils sont liés à notre « nature terrestre », y compris à nos sensations physiques et à notre fertilité. Ils peuvent aider les êtres humains pour tout ce qui concerne la croissance, que ce soit dans un jardin ou à l'intérieur de soi. On croit aussi qu'ils renforcent notre endurance et nous aident à attirer la prospérité. Ils sont habituellement perçus comme des nains ou des naines.

Les sylphes

Les sylphes (« sylphides » au féminin) sont les élémentaux de l'air. On les trouve partout, que ce soit dans un vent léger ou un cyclone déchaîné, et ils nous aident à métaboliser l'air que nous respirons. Ils sont associés à la créativité humaine, à l'inspiration et au développement mental. Ils protégeraient également les voyageurs. Leur vibration est supérieure à celle des trois autres élémentaux et leur apparence correspond beaucoup à la traditionnelle fée clochette.

Les salamandres

Les salamandres sont les élémentaux du feu. Apparemment, vous ne pouvez pas allumer une allumette sans qu'une salamandre soit présente. Ce sont des protectrices extrêmement puissantes qui allument l'étincelle de la passion, de la motivation et du courage des humains. Leur énergie de transformation peut chasser la négativité et aider à guérir. Elles ont été perçues sous forme de chaleur, de boules de lumière ou de lézards.

Les ondines

Les ondines sont les élémentaux de l'eau. Elles sont liées à tous les liquides, même ceux à l'intérieur des plantes, des animaux et des êtres humains. Elles vivent partout où il y a de l'eau, allant des petites gouttes de pluie aux océans profonds. Liées aux émotions et à l'imagination des humains, elles peuvent faciliter la guérison, la purification, l'empathie et l'intuition. Elles apparaissent souvent sous forme de couleurs floues. Les récits rapportés au fil des siècles à propos de sirènes et des tritons seraient des rencontres avec ces élémentaux. Cependant, les sirènes qui ont récemment été aperçues — comme à Kiryat Yam, en Israël — et le «bloop» détecté en 1997 par l'Agence américaine responsable de l'étude de l'océan et de l'atmosphère (NOAA) ont alimenté la croyance voulant que les sirènes et les tritons soient en fait des créatures biologiques.

Je soupçonne qu'au moins un élémental est entré dans notre maison quand mes enfants avaient trois ans. Une nuit, j'ai rêvé que j'étais assise en tailleur sur le plancher de marbre d'un temple soutenu par des piliers. Quelqu'un que je croyais être mon garçon était assis sur mes cuisses. Parce qu'il me tournait le dos, je ne pouvais pas voir son visage, mais il portait le dhoti-kurta traditionnel indien et un turban. Il chantait une partie d'une chanson en hindi que j'avais apprise lors de mes études supérieures 15 ans plus tôt. Puis, il a tourné son visage vers moi.

Ce n'était pas du tout un garçon. Sa tête était deux fois plus petite que celle d'un enfant humain, mais ses traits — quoique dépourvus de toute expression — étaient ceux d'un adulte et ridés. C'était vraiment un petit homme.

Par télépathie, il m'a demandé : *Tu t'en souviens ?*

— Oui, ai-je répondu.

J'étais avec toi quand tu l'as apprise.

— Qui es-tu ?

Tu le sais déjà.

Sur ces paroles, il a disparu.

— Où es-tu ? ai-je demandé.

Puis, je me suis réveillée brusquement.

J'étais étendue sur le côté et j'ai senti une présence derrière mon dos. Un coup de vent a balayé ma nuque et j'ai entendu une voix rauque me répondre dans mon oreille gauche.

Je suis ici !

J'ai senti des frissons parcourir mon corps. Pendant un moment, je me suis demandé si mon mari me jouait un tour. Puis, j'ai entendu la douche couler dans la salle de bain. Je me suis retournée et, comme je m'y attendais, j'étais « seule » dans le lit.

Quelques jours après, deux événements subséquents ont semblé liés à cette histoire. Le premier s'est produit le matin avant que mes garçons partent à la maternelle. Ils jouaient dans le salon pendant que je vidais le lave-vaisselle dans la cuisine. Ils se sont arrêtés brusquement.

Puis, Geoffrey a crié : « Garçon, maman. Garçon. »

À partir du corridor, il pointait et fixait le foyer.

Le deuxième incident s'est produit plus tard cet après-midi-là, peu de temps après que mes garçons soient revenus à la maison. J'étais de nouveau dans la cuisine et Geoffrey s'est précipité vers le réfrigérateur. Soudain, il s'est arrêté d'un coup sec.

— Garçon, maman, a-t-il dit en fronçant les sourcils. Pas garçon. Pas garçon, maman.

Les poils de mes bras et de ma nuque se sont dressés, comme si j'étais un porc-épic. Je sentais peut-être ce qu'il voyait. Ou j'avais des frissons en raison de l'endroit où il voyait la chose.

Il fixait un point situé directement à droite de ma tête, comme si le « garçon » flottait près de moi.

— Pas garçon, a-t-il fait comme s'il donnait un ordre. Pas garçon, maman.

J'ai alors pris conscience qu'il voulait que notre visiteur disparaisse. J'étais sur le point de poser une question, mais je n'en ai jamais eu l'occasion.

— Adieu, garçon, a-t-il dit en agitant la main en direction du même endroit près de ma tête. Adieu.

Une seconde plus tard, il a souri d'un air satisfait. Puis, il a pris ma main et il m'a entraînée dans une autre pièce.

Il n'a jamais plus parlé du « garçon » et je n'ai pas eu droit à un rappel dans mes rêves. Mais les vêtements du petit sage m'ont donné un indice. Le folklore indien a ses propres correspondances aux fées, aux elfes, aux nains et aux autres créatures du royaume élémental. Même si je ne savais rien d'eux à ce moment-là, j'en ai peut-être rencontré un.

Ce n'était pas le premier symbole ou guide indien que je voyais dans un rêve et ce n'était pas une coïncidence que la seule bourse disponible pour financer mes cours d'été — lors de mes études supérieures — exigeait que je suive un cours de hindi et d'ourdou. J'ai appris que j'avais vécu deux vies antérieures en Inde en tant que membre de la caste brahmane et enseignante de l'hindouisme. Ces vies détenaient peut-être la clé de l'identité et de la raison d'être de mon visiteur dans mon rêve.

Les fées et les elfes

Il s'agit du « petit peuple », même si certains de leurs membres seraient plus grands que les humains. Ils sont de toutes les formes, les grandeurs et il est difficile de les classifier... ce qui semble normal étant donné qu'un grand nombre ont le don de se métamorphoser !

Certains croient qu'il est impossible de les différencier des élémentaux : les gnomes, les sylphes, les salamandres et les ondines. D'autres soutiennent que le royaume des fées est distinct du royaume élémental.

Dans *Phénomènes*, Sylvia Browne affirme que les fées, ainsi que les êtres tels que les elfes et les bêtes « mythologiques », habitent dans le premier niveau du Monde souterrain — une autre dimension et *non pas* l'enfer temporaire et illusoire que certaines âmes se créent en raison de la peur — qu'elle décrit comme l'image inversée de l'Au-delà. « Ils comprennent sept niveaux. Dans l'Au-delà, plus nous montons de niveau, plus nous nous rapprochons du plus haut degré d'avancement, soit celui du septième niveau. Dans le Monde souterrain, aussi appelé les sept niveaux inférieurs de la Création, les êtres les plus avancés se trouvent au premier niveau, le septième étant celui où prennent place les êtres les moins avancés. »

Dans *Guides, gardiens et anges*, D. J. Conway parle de fées de taille humaine, ainsi que de guerriers et de magiciens elfes et d'elfes mystiques qui protègent parfois les êtres humains. Elle est d'accord sur le fait qu'ils travaillent à des niveaux spirituels très élevés, « tout près de ceux des anges ». Ils aident et protègent ceux qui font de la magie et, à l'occasion, ils peuvent protéger les humains qui passent simplement du temps dans la nature, surtout s'ils sont spirituellement ouverts et conscients.

Les différents types d'elfes et de fées sont tout au moins les gardiens du monde de la nature ; dans de nombreux cas, ils jouent le rôle d'« anges gardiens » auprès des plantes et des animaux. Il y a tellement de types de fées que l'information pourrait faire l'objet d'un livre entier ; nous allons donc nous concentrer sur les fées des fleurs, les leprechauns et les sidhes (*aes sidhe*).

Les fées des fleurs

Tout comme les fleurs, les fées des fleurs sont de différentes tailles, allant de 5 centimètres à un peu moins de 30 centimètres de haut. Leurs ailes ont également différentes apparences : certaines ressemblent aux ailes des libellules ; d'autres, à celles des papillons. Les plus petites de ces créatures sont parfois confondues aux libellules, aux papillons ou aux lucioles, en raison de la vitesse à laquelle elles volètent dans la nature, mais les personnes qui les ont vues immobiles décrivent qu'elles ont des traits humains et une beauté naturelle.

Contrairement aux anges, les fées possèdent un ego. Elles posent donc des jugements envers les gens et les événements. Dans *Fées 101 : introduction à la communication, au travail et à la guérison avec les fées et autres élémentaux,* Doreen Virtue précise qu'elles ne jouent de mauvais tours que lorsqu'elles jugent que certains êtres humains en particulier maltraitent des animaux ou l'environnement. Sinon, ce sont des êtres amicaux qui nous aident à créer et à entretenir de jolies maisons et de beaux jardins, à avoir de l'inspiration artistique, à connaître la prospérité et à jouir d'une bonne santé (nos animaux également).

Il n'est pas nécessaire d'être un médium professionnel pour voir ces êtres. Alors qu'elle étudiait dans une université anglaise, une de mes amies avait une colocataire qui entretenait une relation étroite avec les fées et les petits elfes. Quand elle se sentait déprimée, ils s'assemblaient autour du manteau de la cheminée pour lui offrir leur soutien.

Quand ils avaient trois ans, mes propres enfants disaient voir des « petits anges », qu'ils ont plus tard appelés des « fées », près des plantes en pot de notre jardin. Au début, j'ai attribué cela à leur imagination débordante, mais ils ont confirmé à maintes reprises leurs histoires réciproques en révélant chacun de leur côté les mêmes détails à propos de l'apparence physique, des personnalités et des endroits où ils avaient aperçu les fées à l'intérieur et à l'extérieur de notre maison. Vous y pensez deux fois quand deux enfants — chacun de leur côté et sans savoir ce que l'autre fait — pointent dans la même direction et décrivent de la même façon ce qu'ils voient.

Les leprechauns

En Irlande, toutes les catégories du « petit peuple » sont grandement respectées, mais aucune n'est autant identifiée à l'île d'Émeraude que le leprechaun (du gaélique *luacharman* qui signifie « pygmée »). Des noms de lieux tels que Poulaluppercadaun (« étang du leprechaun ») près de Killorglin, dans le comté de Kerry et Knocknalooricaun (« colline des leprechauns ») près de Lismore, dans le comté de Waterford, montrent la prévalence de ce personnage dans l'esprit irlandais. Il y a même un site Internet, www.irelandseye.com, où une caméra installée dans un champ de Tipperary sert de poste d'observation des leprechauns.

Les leprechauns seraient les gardiens des trésors anciens, dont certains ont soi-disant été abandonnés par des envahisseurs vikings. Certains croient qu'ils encouragent les êtres humains à penser à l'abondance afin d'attirer la richesse. Dans *Fées 101*, Doreen Virtue décrit qu'ils aident volontiers les humains qu'ils respectent, mais qu'ils peuvent se montrer espiègles avec les autres. Elle croit qu'ils sont attirés par les musiciens et les défenseurs de l'environnement et qu'ils servent parfois de guides personnels. « Parce qu'ils ont une certaine envergure et qu'ils sont proches de la dimension dense de la terre, explique-t-elle, les leprechauns sont parmi les élémentaux les plus faciles à observer concrètement avec nos yeux, en particulier si vous avez l'occasion de visiter la campagne irlandaise. »

Mon arrière-grand-père paternel, Michael — qui a émigré d'Irlande en 1914 — a rencontré un leprechaun, un soir qu'il rentrait d'un pas lourd à la maison. Comme la rue était déserte, il a été surpris quand il a soudainement aperçu un « petit homme » qui trottinait vers lui sur un mur de pierres. Mais quelque chose à propos de cet homme le rendait mal à l'aise, alors Michael a baissé les yeux. Un moment plus tard, il a ressenti le besoin de le regarder et, quand il l'a fait, le petit homme avait disparu. Puis, un mouvement bref de l'autre côté de la rue a attiré l'attention de Michael.

Le petit homme était debout sur le mur de pierres d'en face et il le fixait. Il avait parcouru la distance en un clin d'œil. Plus nerveux que jamais, Michael a de nouveau détourné son regard. Quelques secondes plus tard, il a levé les yeux, mais l'homme avait disparu pour de bon.

Mon arrière-grand-père était certain d'avoir vu un leprechaun. Selon la légende, si vous fixez un leprechaun, il ne peut pas fuir, mais dès que vous détournez votre regard, il disparaît. L'expérience de Michael correspondait exactement à cette croyance et il s'en est rappelé le reste de sa vie.

Les sidhes (*aes sidhe*)

Selon la tradition, les *aes sidhe* (du gaélique signifiant « habitants des collines ») sont les descendants des *Tuatha Dé Danann* (« peuple de la déesse Danu »), un peuple qui s'est établi dans l'ancienne Irlande, mais qui s'est finalement réfugié dans une autre dimension appelée l'autre monde ou le monde souterrain. Grands, sans ailes et d'apparence humanoïde, ils ressemblent aux elfes de J. R. R. Tolkien et ils comptent parmi les nombreux voisins de la dimension d'à côté.

On croit que bon nombre d'arbres et de collines sont sous leur protection. De nos jours, le nom des endroits où ils habitent est devenu tellement un synonyme de leur race que la plupart des conférenciers anglais parlent d'eux en les appelant simplement « les sidhes ».

Loin du stéréotype du « petit peuple », ils sont souvent décrits comme étant grands, beaux et richement vêtus. Même saint Patrick en aurait rencontré un : une belle jeune femme qui portait une cape verte et une couronne dorée. Dans le livre *The Colloquy with the Ancients*, elle est décrite comme étant « du peuple des Tuatha Dé Danann, qui résistent au temps et qui sont pérennes ».

Un certain nombre de *sidhes* (les lieux, pas le peuple) ont été identifiés comme étant d'anciens monticules funéraires. Ces découvertes — ainsi que l'histoire orale et l'information inscrite dans les Annales des quatre maîtres et *The Book of*

Invasions — soutiennent la théorie que les sidhes (le peuple) ont occupé l'Irlande préceltique.

Une des membres possibles des sidhes est la gardienne familiale considérée comme la messagère de la mort. Elle est connue dans le monde comme la *banshee,* qui est une version anglicisée de *bean sidhe* («femme de la colline des fées»), et pourtant elle est davantage un esprit qu'une petite fée du folklore européen.

La banshee peut apparaître sous forme d'une belle jeune fille, d'une digne matrone ou d'une vieille mégère — les trois aspects de Morrigan, la déesse celtique de la guerre, de la foi et de la mort — avec de longs cheveux et de longues robes vaporeuses. Ses gémissements ou ses lamentations annoncent toujours une mort dans la famille. Dans la tradition écossaise, la *bean nighe* («la lavandière») est vue en train de nettoyer des vêtements tachés de sang ou, dans le passé, l'armure du guerrier condamné.

Étant donné mon héritage irlandais, vous vous attendez sûrement à ce que je raconte une histoire... et vous avez raison! Elle concerne mon arrière-grand-père Michael.

Un soir, ses compagnons et lui étaient allés boire de la bière au pub du coin. Au bout d'un moment, la porte s'est ouverte brusquement et un autre de leurs amis a pénétré à l'intérieur. Il avait le regard fou, le visage tendu et le souffle coupé. Michael l'a invité à leur table et l'homme s'est laissé tomber sur une chaise et il a passé sa main dans ses cheveux ébouriffés.

— Que se passe-t-il? lui ont-ils demandé.

Leur ami a jeté un regard par-dessus son épaule, puis il a raconté son histoire. Il n'avait pas dormi depuis des jours.

Il avait volé le peigne en or d'une banshee et elle le pourchassait pour le lui réclamer.

Ils se sont regardés en se grattant la tête jusqu'à ce que l'homme écarte le pan de son manteau. Dans la poche intérieure, il y avait un peigne en or.

Soudain, il a bondi de sa chaise.

— Entendez-vous ça ? a-t-il demandé.

Les autres ont secoué la tête.

— Elle est ici, a crié l'homme. Elle m'a trouvé.

Il a quitté le groupe et il s'est précipité à l'extérieur du pub. Le lendemain, il a été trouvé mort sur son lit non défait, étendu sur le dos et encore habillé. Son manteau était ouvert et il avait la même tenue que la veille, à part une chose. Le peigne en or avait disparu.

Selon la tradition, les banshees — comme les sirènes — possèdent des peignes en or ou en argent, qu'elles déposent parfois par terre pour attirer l'attention des humains. Puis, elles entraînent l'esprit de la personne dans une autre dimension. Quand on y pense, c'est une description plutôt précise de la mort.

Les récits à propos des banshees, comme celui de mon arrière-grand-père, ont de quoi donner la frousse à ceux qui y croient, mais la banshee est vraiment un esprit bienveillant. Que cela vous plaise ou non, la mort est une part naturelle et transformatrice de notre existence. Le cri de la banshee prépare une famille — ou une personne — à ce qui va se produire et peut en fait aider ceux qui restent à vivre leur deuil.

Chapitre 8

Les dévas

Considérés comme faisant partie du royaume des anges et du royaume élémental, les dévas sont des forces vivantes qui détiennent dans leur conscience le code génétique de chaque chose créée. Le mot « déva » vient de la racine sanskrite *div*, qui signifie, « briller » ou « devenir brillant ». Un déva est donc un « être lumineux » qui travaille en coulisse de manière à changer et à conserver la forme physique — d'une plante, d'une pierre et même d'un organe — avec une connaissance instinctive des connexions, des harmonies et des schémas archétypaux et cosmiques. Bref, les dévas sont les architectes de la croissance de la nature.

Bethelda, l'ange qui a communiqué avec Geoffrey Hodson, avait ceci à dire : « Quand vos études scientifiques vous conduisent plus profondément dans les domaines hyperphysiques, veillez toujours à la place que nous occupons dans la manipulation et l'ajustement des forces de la nature. Derrière chaque phénomène, vous trouverez un membre de notre race. [...] Aussi longtemps que les multitudes invisibles seront ignorées par les savants, il y aura des lacunes dans leurs connaissances, lacunes qui ne seront comblées qu'en comprenant la place que nous occupons dans le système. »

En tant qu'intelligence divine derrière les esprits de la nature, les « cols bleus » (comme les fées), un déva peut superviser un seul arbre ou toute une forêt. Un grand nombre de dévas ont été vénérés en tant que dieux et déesses ; la déesse celtique Druantia, la déesse finlandaise Mielikki, la déesse inca Pachamama, le dieu romain Faunus, et le bien connu et multiculturel Homme vert en sont quelques exemples. Le déva ou la dévi planétaire porte le nom de Gaïa, de la Mère Terre ou de « Mère Nature ».

Les dévas travaillent aussi avec les êtres humains — ils donnent des conseils sur la plantation, la fertilisation et l'arrosage, etc. — comme c'est le cas auprès des communautés de Perelandra, en Virginie et de Findhorn, en Écosse. Durant la sécheresse désastreuse de 1986, les fleurs et les légumes de Perelandra ont continué de pousser sans aucun apport en humidité, au grand étonnement des voisins. L'un d'eux a d'ailleurs fait la remarque : « Ce n'est pas normal. » Le jardin de Findhorn — qui à ses débuts (dans les années 1960 et 1970) comprenait des choux de 20 kilos — a semé l'étonnement parmi les horticulteurs et les spécialistes des sols venus le visiter ; ils ont fini par accepter la possibilité d'une collaboration « angélique ». En 1997, après un certain nombre de collaborations officielles, les Nations Unies ont formellement reconnue la Fondation Findhorn comme une organisation non gouvernementale. Depuis, la fondation a participé à des conférences des Nations Unies partout dans le monde

Les dryades

Certains croient que les esprits des arbres — que les Grecs de l'Antiquité appelaient les dryades — sont des dévas. D'autres font une distinction entre les deux. Mais peu importe leur nom ou leur classification, bon nombre de cultures ont vénéré durant des millénaires les esprits des arbres. Ils ont certainement inspiré les druides, en particulier l'écriture oghamique de l'ancienne Irlande. Pour ma part, je soupçonne que ce sont les esprits des arbres qui m'ont fait connaître le royaume élémental.

Quand j'étais enfant, mes arbres préférés étaient les chênes recouverts de mousse espagnole. Et quand je me tenais très près d'eux et que je demeurais immobile, ils semblaient me murmurer des paroles parlant de pouvoirs anciens et d'une sagesse enfouie. Mais les choses sont devenues vraiment intéressantes quand j'ai étudié à une université populaire en Suède, à l'âge adulte. Peu de temps après mon 21e anniversaire, une amie étudiante m'a révélé un secret qu'elle gardait en elle depuis longtemps.

« Quand j'étais en Russie, je suis tombée très malade. Durant une longue période, je n'avais pas de force ni d'espoir d'aller mieux. J'étais vraiment au bout du rouleau quand j'ai rencontré une femme qui était une médium et une guérisseuse. Elle m'a parlé des esprits de la nature, en particulier de ceux qui vivent dans les arbres. Elle m'a enseigné comment leur demander de l'aide et puiser de l'énergie en eux. »

Elle était de toute évidence sincère. Elle ne doutait pas que cette énergie l'avait guérie. Les arbres lui avaient essentiellement sauvé la vie. Je l'ignorais alors, mais ce principe d'échange d'énergie avec la nature — en particulier les arbres — réapparaîtra dans ma vie moins d'un mois plus tard, quand mon intuition m'a incitée à me rendre dans la ville anglaise de Glastonbury.

Dès mon arrivée, j'ai été enchantée par la ville et j'ai profité le plus possible du peu de temps que j'allais passer là-bas. J'ai exploré les ruines d'une abbaye, j'ai grimpé le Tor et j'ai goûté aux eaux curatives de Chalice Well.

Ma visite s'est transformée en cours accéléré quand j'ai rencontré des habitants de la ville dans un pub. Nous avons discuté de différents sujets, de la légende arthurienne aux cercles de culture. Ils m'ont parlé de Gog et de Magog, deux gros chênes qui étaient censés être des reliques d'une chênaie de druides qui poussait sur le Tor. Les habitants considéraient les arbres comme étant mâle et femelle et l'un deux était apparemment malade.

Les heures ont filé et nous avons élaboré différentes hypothèses jusqu'à ce que la nuit tombe et que quelques personnes suggèrent que nous nous rendions à minuit sur le site des vieux chênes. Elles sentaient le besoin pressant d'aller transmettre une énergie de guérison à l'arbre souffrant et elles m'ont invitée à me joindre à eux.

Ma meilleure amie en Suède m'avait parlé d'extraire de l'énergie des arbres; et maintenant, d'autres personnes avaient l'intention d'en donner. Excitée par l'aventure, j'ai accepté d'y aller.

Au clair de la lune, nous avons traversé une tapisserie de champs et grimpé des clôtures pour nous rendre à l'endroit approprié. Les deux chênes géants tendaient leurs branches noueuses haut dans la noirceur et leur silhouette desséchée commandait le respect avec les images d'un passé mystique qu'elle faisait naître en nous.

En m'approchant, j'ai ressenti une impression de déjà vu. Ou bien j'avais déjà été là ou bien je m'étais déjà approchée d'un groupe de chênes avec révérence, dans une forme de rituel. Comme je l'ai déjà mentionné, c'était mes arbres préférés durant mon enfance, mais le sentiment que je ressentais alors était exceptionnel et évocateur. Les circonstances et le moment exacts étaient flous, mais je savais que cela s'était produit il y a longtemps.

Mais pour l'instant, notre petit groupe a entouré l'arbre malade et nous avons joint nos mains. Une des femmes nous a invités à prier ; puis, au moment où nous avons commencé à faire le tour de l'arbre, elle a murmuré une incantation. Quand elle s'est tue, nous nous sommes approchés de l'arbre et nous avons posé nos mains sur l'écorce rugueuse.

J'ai fermé les yeux et j'ai senti que l'arbre était à la fois une sentinelle et un sage. En quelques secondes, un amour intense s'est infiltré dans ma poitrine et j'ai eu l'impression de devenir un canal. Une force invisible est entrée par le sommet de ma tête et elle s'est engouffrée dans mon cœur en se cristallisant en un picotement chaud. Je l'ai redirigée vers mes bras et dans mes mains, puis je l'ai transmise à l'arbre. Je suis demeurée concentrée et j'ai maintenu le courant pendant plusieurs minutes jusqu'à ce que je sente — sans vraiment savoir comment — que le transfert était terminé. Puis, j'ai ouvert les yeux et j'ai regardé les autres faire de même. Nous avons alors tous fait un pas en arrière, en même temps.

Mes mains vibraient encore au moment où nous nous sommes retournés pour quitter le site, alors je les ai secouées et je les ai frottées sur mes jambes. Soudain, j'ai eu une révélation. La femme qui avait fait l'incantation et un des hommes semblaient être familiers avec la cérémonie de guérison, mais le reste d'entre nous avions suivi notre instinct. Sans hésitation et sans instructions, nous avions simplement su ce qu'il fallait faire.

Avions-nous canalisé un savoir ancien ? Nous étions-nous souvenus d'un rituel datant d'une vie antérieure ? Ou avions-nous été guidés par les forces des dévas ? Votre opinion vaut la mienne, mais une chose est certaine : je n'oublierai jamais la magie qui régnait ce soir-là, pas plus que je n'oublierai l'existence des dryades.

Le royaume des esprits

Les gardiens du monde des esprits prennent différentes formes, pour de nombreuses raisons. Nous allons les explorer.

Les esprits humains

Les ancêtres

Les ancêtres peuvent être des précurseurs — c'est-à-dire des prédécesseurs dans le développement d'une forme d'art — ou de lointaines relations dont vous êtes un descendant. En tant que précurseurs, ils ont peut-être maîtrisé un art ou une sphère dans laquelle vous travaillez : les mathématiques, la science, l'agriculture, la médecine, les arts, la musique, l'écriture, etc. Même s'ils ne sont pas devenus des maîtres en la matière, ils pourraient tout de même s'intéresser au progrès de ce domaine. En tant qu'esprits gardiens, ils veillent sur vos projets et sur vos progrès pour favoriser un résultat positif.

Dans *Guides, gardiens et anges*, D. J. Conway affirme que ces gardiens peuvent être des anciens guerriers et magiciens qui nous aident à l'occasion. Même s'ils ne sont pas toujours présents, ils peuvent être auprès de nous en un instant, que nous fassions appel à eux en pensée ou à voix haute.

Les ancêtres gardiens pourraient aussi être des prédécesseurs, au sens où ils ont été confrontés à des défis semblables aux vôtres quand ils étaient des êtres humains. Dans ce cas, ils souhaitent vous aider afin de servir la cause de ce que Conway appelle la «justice spirituelle». Ces ancêtres expérimentés pourraient demeurer invisibles, mais comme le note Conway, ils envoient «de forts signaux intuitifs pour vous dire d'être prudent et de prêter attention aux choses de la vie et aux événements difficiles auxquels vous serez bientôt confronté».

Si les ancêtres font partie de votre famille, ils pourraient devenir des gardiens parce qu'ils s'intéressent particulièrement à l'évolution de leur lignée. Autour du premier anniversaire de mes jumeaux, j'ai bavardé avec une médium qui ne savait rien de moi et qui m'a pourtant révélé la présence constante d'un tel ancêtre.

«En plus des anges et des guides, vous avez beaucoup d'aides qui prennent soin de vos garçons, m'a-t-elle dit. Vous ne les voyez peut-être pas, mais vos garçons, eux, les voient. Un esprit femme est avec eux en tout temps. Connaissez-vous une Annie»?

J'ai fouillé dans ma mémoire, mais je n'ai trouvé personne qui portait ce nom. Plus tard ce jour-là, je l'ai mentionné à ma mère.

«C'est tante Annie, s'est-elle exclamé. Elle était la mère de Flo et d'Ethel.»

Florence et Ethel — des cousines de ma grand-mère — étaient des sœurs célibataires dont la maison était devenue la deuxième résidence de mes parents. Je n'avais jamais entendu le nom de leur mère, mais dès que ma mère en a parlé, un souvenir m'est revenu.

Lorsque j'étais enceinte de mes garçons, Dan et moi étions allés visiter mes parents et nous avions dormi dans la chambre où Florence, son frère et Annie sont tous morts. Vers 2 h du matin, je me suis réveillée avec le puissant sentiment qu'il y avait quelqu'un d'autre que Dan dans la chambre et qui m'observait. La présence me semblait féminine et bienveillante et j'étais certaine que ma grossesse avait piqué sa curiosité. Maintenant, après ce que la médium m'a affirmé, je soupçonne que c'était Annie. Je l'ai également associée à une femme dans la trentaine et aux cheveux foncés que j'ai vue dans mes rêves pendant des années. Comment s'appelait la femme dans mon rêve? Anya.

Les êtres chers décédés

Nos êtres chers décédés pourraient nous manquer, mais eux ne s'ennuient pas de nous. Ils sont près de nous en tout temps — vraiment à une pensée près — et ils sont très conscients de ce qui nous arrive. Comme ils savent souvent avant nous ce qui va se produire, il n'est donc pas étonnant qu'ils peuvent aussi jouer le rôle de gardiens.

Nous allons tous un jour pleurer la mort d'un être cher, si ce n'est déjà fait. J'aimerais vous raconter les événements qui ont entouré la mort de mon grand-père maternel dans l'espoir que cela vous réconfortera et vous fera prendre davantage conscience de ces gardiens. J'espère que cela vous aidera à vous rappeler, au moment de la mort d'un être cher, que le «décédé» est toujours en vie et qu'il vous observe et vous sert parfois de gardien à partir d'une dimension parallèle à la vôtre.

Mon grand-père, Poppy, souffrait de la maladie d'Alzheimer et peu de temps après la mort de sa femme, Nanny, il a été placé dans un hospice; il y reposait dans son lit, affaibli. Mes parents habitaient à trois États du sien quand sa santé a soudainement dépéri. Au moment où ils sont arrivés à l'hospice, il était comateux et il n'avait pas parlé depuis plusieurs jours.

Ma mère s'est précipitée dans sa chambre et elle a pris sa main.

«Poppy, je t'aime», lui a-t-elle dit.

Sa présence l'a réanimé.

«Je t'aime, moi aussi», a-t-il répondu.

Il a non seulement parlé, mais il l'a reconnue. Elle est demeurée dans sa chambre à partir de ce moment, et Poppy a alterné entre les périodes de sommeil et d'éveil.

Deux jours plus tard, il a passé la journée à promener son regard dans la chambre et vers le plafond. Il n'a pas cessé de lever ses bras vers ce qu'il voyait.

Le lendemain, ma mère, sa meilleure amie et l'infirmière ont été témoin d'une incroyable rencontre. Quelque chose d'invisible a soulevé Poppy et l'a aidé à s'asseoir dans son lit. Il n'aurait jamais pu le faire seul. Le mouvement avait été trop rapide pour ses muscles affaiblis.

Le visage de Poppy s'est transformé et il a affiché un amour intense; ma mère était certaine de l'identité du visiteur. Il regardait la personne qu'il avait le plus aimée au monde: Nanny.

Le lendemain matin et durant l'après-midi, sept faucons ont volé en cercle près de la fenêtre de Poppy ; c'était peut-être des présages qui signifiaient les sept niveaux de l'Au-delà, sa destination. Son heure était venue, mais il s'accrochait. Vers la fin de la journée, ma mère a saisi le téléphone. Son instinct lui disait que Poppy avait besoin d'entendre la voix de son autre fille, alors elle a appelé sa sœur et elle a tenu le combiné près de l'oreille de son père.

Ma tante lui a dit qu'il pouvait partir. Et Poppy lui a dit adieu. Ce sont les seuls mots qu'il a prononcés — à part « Je t'aime, moi aussi » — en neuf jours.

Deux heures plus tard, il a décédé. Cinq mois jour pour jour après la mort de sa femme.

Deux jours plus tard, Connor et Geoffrey, qui avaient alors deux ans, nous ont réveillés Dan et moi au beau milieu de la nuit. Nous nous sommes précipités dans leur chambre et nous les avons aperçus en train de pleurer et de fixer le même coin qu'ils avaient pointé lors d'un incident semblable, la nuit où Nanny est morte.

« Maman, mamie et papi, a dit Connor à travers ses larmes. Maman, mamie et papi ! »

L'énergie dans la chambre était palpable. Je pouvais presque entendre la voix de mon grand-père.

N'ayez pas peur. Nous sommes la mamie et le papi de votre mère.

Deux semaines plus tard, nous sommes allés passer la fin de semaine chez mes parents. Le regard de mes garçons s'est posé à quelques reprises près de ma mère, à sa droite.

Ils regardaient tous les deux, mais c'est Geoffrey qui a parlé.

«Poppy», a-t-il dit en pointant avec son doigt.

Plus tard, ma mère, Dan et moi bavardions près de la piscine. Les garçons, assis dans leur chaise haute, jouaient tout près avec des jouets.

— Non, non, Poppy, a dit Geoffrey d'un ton ferme. Allume.

Il a jeté un coup d'œil à côté de lui tout en manipulant une figurine de Spiderman.

— Pas lumière éteinte, Poppy, a-t-il poursuivi. Allume.

— Vient-il de dire ce que je crois qu'il a dit? a demandé Dan en regardant bouche bée Geoffrey.

— Quoi? a demandé ma mère.

— Je crois qu'il parlait à Poppy, a-t-il répondu.

Geoffrey a levé les yeux et fixé un point qui se trouvait à environ deux mètres de haut, juste à côté de la piscine.

— Poppy. Pourquoi voles-tu? a-t-il demandé.

— Ça, je l'ai bien entendu, a dit ma mère en fronçant les sourcils.

De retour chez nous, Geoffrey s'est précipité dans la maison et s'est arrêté devant l'arbre de Noël.

— Poppy, s'est-il exclamé avec un gros sourire.

Une minute plus tard, alors que Geoffrey s'était désintéressé de l'arbre, Connor est arrivé en courant dans le salon. Il s'est arrêté et a fixé le même endroit que son frère.

— Poppy, a-t-il dit en souriant.

Mon grand-père nous avait apparemment accompagnés durant notre retour à la maison.

Quatre mois plus tard, ma mère a vécu sa propre série de miracles qui ont renforcé sa croyance que ses parents étaient non seulement ensemble, mais qu'ils continuaient de veiller sur elle. Pour leur 42e anniversaire de mariage, mes parents ont fait un voyage de 19 jours en Croatie et en Slovénie.

Chaque matin, elle a ressenti le besoin de regarder par la fenêtre de leur hôtel. Durant 17 jours sur 19, un oiseau s'est perché au bord de la fenêtre ou du balcon et il a regardé à l'intérieur de leur chambre. Chaque fois, maman a eu l'impression que c'était un oiseau mâle.

C'est Poppy, s'est-elle dit.

Au bout d'un moment, un deuxième oiseau, qui semblait être une femelle, est venu le rejoindre.

Et voilà Nanny, a-t-elle pensé.

Un des oiseaux venait toujours en premier; puis, il était suivi de l'autre quelques minutes plus tard. L'espèce des oiseaux variait chaque jour — des colombes, une poule et un poulet, des petits oiseaux bruns, etc. —, mais ils étaient toujours deux. Ils arrivaient tôt le matin et ils demeuraient là toute la journée à regarder à l'intérieur ou en direction de la chambre d'hôtel. Même quand mes parents allaient visiter la ville tard le soir, les oiseaux les attendaient à leur retour à l'hôtel. Puis, aussitôt que mes parents se couchaient, les oiseaux s'envolaient.

Les deux jours où il n'y a pas eu d'oiseaux, il y a eu des chats. Encore une fois, un des chats est arrivé en premier et l'autre l'a suivi peu de temps après. Ils étaient de la même race et, les deux fois, ils sont restés toute la journée à veiller sur mes parents.

Après leur retour aux États-Unis, ma mère m'a appelée pour me raconter ce qui s'était passé.

« Je savais que mes parents étaient avec moi durant tout le voyage. J'avais l'impression qu'ils étaient mes anges gardiens. »

J'ai cru chacune de ses paroles et nous avons toutes les deux reconnu ce que signifiaient les messagers que mes grands-parents avaient envoyés. Toute leur vie, les chats et les oiseaux avaient été leurs animaux préférés.

Par ailleurs, mes parents sont récemment revenus d'une croisière fluviale en Europe de six semaines et un phénomène semblable s'est produit à chaque jour. Faites le calcul. Cela correspond à 42 jours de suite ! Un oiseau apparaissait en premier, suivi d'un deuxième et ils étaient toujours de la même espèce. En paire, les oiseaux demeuraient près de ma mère durant de longs moments, en la regardant dans les yeux. La seule différence était que, cette fois-ci, il n'y a eu que des oiseaux : des aigles, des pigeons, des goélands, des cygnes, etc.

Les esprits animaux

Aucune mention des gardiens ne serait complète sans ajouter les esprits animaux à la liste. Les animaux de compagnie décédés se tiennent parfois près de leur propriétaire et ils sont reconnus pour nous visiter dans nos rêves et nous avertir du danger. Les esprits familiers, des aides magiques qui sont des animaux vivants ou des esprits animaux, peuvent aussi avertir les humains du danger et les défendre quand des ennuis surgissent. (Plus de détails sur les esprits familiers dans le chapitre 10.) Mais de manière générale, quand les gens parlent d'animaux gardiens, ils parlent des animaux totems — aussi appelés des animaux de pouvoir ou des animaux alliés — qui nous guident et nous protègent durant notre vie.

Dans *Guides, gardiens et anges*, D. J. Conway écrit : « Vous allez peut-être sentir à certains moments cruciaux la présence d'un animal de pouvoir (mythique ou non). Ces animaux infuseront votre aura et votre esprit des qualités dont vous avez besoin pour vous protéger, tout en projetant leurs aptitudes défensives sur les personnes ou les choses qui semblent vous menacer. »

Non seulement *vous* pourriez sentir cet animal, mais *d'autres* personnes le pourraient également. Un soir, quand mes garçons avaient quatre ans, je me suis emportée après avoir essayé pendant deux heures (!) de les coucher. J'ai hurlé et Geoffrey m'a aussitôt demandé pourquoi « le loup » — que mes garçons avaient vu à plusieurs occasions, y compris dans des circonstances joyeuses — venait d'apparaître, et Connor a demandé s'il allait les mordre. Ils ont clairement vu l'animal.

Toutes les espèces peuvent être des animaux gardiens : autant les mammifères, les reptiles, les oiseaux, les insectes, les arachnides que les espèces éteintes et les animaux mythologiques sont des totems potentiels. Si vous vous sentez inexplicablement attiré par un animal ou si vous en voyez fréquemment dans vos rêves ou durant le jour, il y a de fortes chances que ce soit une connexion avec votre totem.

Le mot « totem » a pour racine un mot ojibwé — *doudem* — qui fait référence à l'affinité. En fait, les Objiwés étaient divisés en clans appelés *doudem* et nommés selon différents animaux. Les sculptures verticales qu'on trouve chez les Amérindiens et les Premières Nations sont des sculptures emblématiques qui racontent l'histoire des familles, qui commémorent des occasions spéciales et qui représentent parfois les pouvoirs chamaniques. Dans diverses cultures dans le monde, un totem représentait ou représente tout élément, animal, plante ou objet — naturel ou surnaturel — dont l'énergie et les caractéristiques représentent quelque chose pour un individu ou pour un groupe. Le terme a évolué de façon à comprendre une vaste gamme de gardiens auxquels n'est attribuée aucune qualité en particulier.

Certains croient que les totems sont des esprits gardiens familiaux ; d'autres les considèrent comme des gardiens personnels. Beaucoup de gens croient qu'ils peuvent être les deux. Certains croient que vous devez invoquer un totem pour qu'il vous protège. D'autres secouent la tête et soulignent que ce sont les totems qui *vous* choisissent. Il y a même des gens qui insistent pour dire que vous ne pouvez « revendiquer » un totem que si vous appartenez à une famille amérindienne, mais l'immortalité de l'âme — sans mentionner l'unité de la création — efface toute distinction.

Durant nos diverses incarnations, nous vivons dans une variété de cultures et appartenons à différentes races. Une personne qui est de race caucasienne dans cette vie pourrait avoir été amérindienne dans une ou plusieurs autres vies. Ainsi, les Celtes et d'autres cultures chamaniques avaient et ont encore dans leurs traditions, aussi riches que n'importe quelle autre culture, des animaux alliés ou des animaux de pouvoir. Les liens spirituels — aussi loin qu'ils puissent s'étendre — sont de puissants aimants. Qu'il s'agisse d'humains ou d'animaux et qu'ils soient en groupe ou seuls, les esprits d'autres vies antérieures influent sur notre présente vie. Peu importe notre niveau de conscience, ils suivent notre évolution et apparaissent parfois pour nous rendre visite.

Le sujet des animaux totems pourrait faire l'objet d'un livre entier et chaque animal a sa propre symbolique. Une grande source d'information sur le sujet est le livre *Animal-Speak*, de Ted Andrews. Nous allons également parler davantage des totems dans le chapitre 10. Pour l'instant, ce que vous devriez au moins savoir est que nous avons tous au moins un animal du royaume des esprits qui nous protège et prend soin de nous, de notre naissance à notre mort. Et lorsque nous effectuons cette transition «finale», il est parmi les premiers esprits à nous accueillir au bercail.

Comme vous pouvez le constater, le monde de tous les jours est beaucoup plus magique que beaucoup le croient ; il est également plus populeux ! Nous pouvons ignorer ce fait, le craindre ou accueillir une vaste gamme de possibilités. Chacun d'entre nous possède au moins un ange gardien, mais d'autres esprits — qui comprennent les maîtres ascensionnés, les élémentaux, les fées, les dévas, les ancêtres, les êtres chers décédés et les animaux — veillent sur nous et nous guident également.

Voici une méditation conçue pour vous aider à rencontrer ces anges gardiens uniques, un par un, ou peut-être plusieurs à la fois. Vous pouvez utiliser la même pièce confortable que vous avez visualisée dans la méditation précédente. Veuillez vous référer à la méditation du chapitre 5 pour des instructions plus précises sur les trois étapes préparatoires : (1) exprimer quelle est votre intention ; (2) effectuer un exercice rapide pour vous ancrer et vous purifier ; (3) commencer la méditation.

~~~~~

Méditation pour rencontrer les gardiens

Imaginez-vous dans une pièce confortable, devant une fenêtre fermée qui donne sur l'obscurité de la nuit. Au bord de la fenêtre, il y a une bougie blanche dans un chandelier. Elle vous servira d'outil de concentration et de signal au(x) gardien(s) que vous avez l'intention d'appeler. Vous allumez la bougie et une lueur réconfortante se répand dans la pièce.

Vous fixez la flamme de la bougie et sa couleur devient soudainement rouge foncé. Une minute plus tard, elle prend une teinte orange. Elle devient vite d'un jaune radieux, puis d'un vert éclatant, suivi d'un bleu apaisant. Un moment plus tard, la flamme commence à alterner entre l'indigo et le violet. Puis, les deux couleurs s'entremêlent dans une danse silencieuse.

Soudain, vous sentez que le gardien que vous avez appelé est à l'extérieur, de l'autre côté du mur. Sa bonne volonté et son anticipation sont palpables et vous savez qu'il n'a pas besoin de porte ou de fenêtre pour entrer. La flamme de la bougie vacille et prend une couleur blanche éclatante associée à un amour puissant et à la protection. Du coin de l'œil, vous détectez un mouvement et vous constatez que votre gardien vous a rejoint. Tournez-vous et voyez de qui il s'agit.

Remarquez l'apparence de votre gardien. Est-il de sexe masculin ou féminin ? Est-ce un esprit humain ? Est-ce un esprit animal ? Où fait-il partie du royaume des fées ? Demandez-lui son nom et depuis combien de temps il est avec vous. Vous pouvez lui poser d'autres questions ou l'inviter à vous dire ce qu'il juge important. Rappelez-vous qu'il pourrait communiquer au moyen de symboles ou vous montrer une réponse plutôt que de vous la donner. Vous pourriez aussi vous déplacer ensemble dans la pièce, aller dans un autre lieu ou faire une activité que vous êtes à l'aise de faire. Si vous quittez la pièce, revenez-y simplement par la suite.

Quand vous serez prêt à ce que votre gardien retourne dans le monde invisible des esprits, dites-lui au revoir et regardez-le disparaître. Approchez-vous de la fenêtre et éteignez la bougie.

(*Fin de la méditation*)

Prenez quelques profondes respirations et ouvrez les yeux. Réfléchissez à ce que vous venez de vivre et, si vous voulez tenir un journal, notez tout ce que vous vous rappelez à propos du ou des gardiens que vous avez rencontrés et de ce que vous avez appris.

9

Les guides spirituels

Durant votre vie, vous aurez un certain nombre de guides spirituels. Ils peuvent changer à mesure que vous évoluez spirituellement, et la plupart vont et viennent au besoin, mais il y en a au moins un — votre guide principal — qui vous accompagne toute votre vie. Mais qu'est-ce qu'un guide spirituel exactement?

Un guide spirituel n'est pas :

Un ange : les anges peuvent nous apparaître sous forme humaine, mais ils ne s'incarnent pas en êtres humains. Nos guides, par contre, ont déjà vécu en tant qu'êtres humains. C'est une formation nécessaire pour leur travail : ils doivent avoir fait l'expérience de la vie pour comprendre entièrement les difficultés auxquelles nous pouvons être confrontés.

Une personne décédée que vous avez connue dans cette vie : de tels esprits peuvent nous entourer, nous soutenir et même nous conseiller, mais ce ne sont pas des guides spirituels. Votre guide principal est quelqu'un que vous avez connu et avec qui vous avez planifié de grands objectifs dans l'Au-delà, avant votre naissance.

Un guide spirituel est :

Un esprit aimant qui vous aide et vous encourage sur la voie que vous avez choisie : un guide spirituel peut venir de n'importe quelle culture et appartenir à n'importe quelle race, peu importe la vôtre. Il s'investit vraiment dans votre évolution spirituelle et il vous sert à la fois d'enseignant, de compas moral et de motivateur. Dans *Guides, gardiens et anges*, D. J. Conway le confirme en décrivant ainsi les guides spirituels : « Ils maîtrisent toutes les matières, qu'il s'agisse d'éthique, de la façon de concevoir la vie ou de ce qu'on enseigne dans les écoles astrales, et plus encore. » Ils sont les derniers à nous souhaiter « bon voyage » avant que nous nous incarnions et ils nous soutiennent constamment pendant que nous sommes ici. Quand nous retournons dans l'Au-delà, ils sont là pour nous aider à comprendre notre expérience terrestre.

Quand j'ai parlé des liens spirituels dans le chapitre précédent, je ne plaisantais pas à propos de leur puissance.

Souvent, les guides spirituels sont des amis ou des parents (ou les deux) que nous avons connus dans des vies antérieures. Dans l'Au-delà, nos guides peuvent compter parmi nos meilleurs amis ; ils peuvent aussi être des esprits dont la compagnie n'est pas toujours agréable, mais dont la volonté implacable fait en sorte qu'ils nous « bottent le derrière » quand nous en avons besoin. Avouons-le : la plupart d'entre nous aurions besoin de temps à autre d'un coup de pied bien placé pour atteindre nos objectifs.

Ces objectifs sont liés au parcours de vie que nous avons choisi de suivre et dont j'ai parlé un peu plus tôt. Qui choisit ce parcours ? Vous le faites et votre principal guide spirituel est à vos côtés pour le choisir. Il s'agit de votre « plan de vie ».

Le plan de vie

Chacun d'entre nous a choisi la vie qu'il vit présentement. Nous avons choisi notre famille, nos amis, nos amoureux, nos connaissances et nos ennemis, et ils nous ont choisis également. Nous avons également choisi nos professions, nos maladies, nos défis, nos buts et l'endroit, la date et l'heure exacts de notre naissance. Nous avons créé ces éléments avec notre libre arbitre et nous utilisons ce même libre arbitre pour repousser, prolonger, façonner et modifier les événements. *Au niveau de l'âme, nous faisons constamment des choix... avant, durant et après chaque vie.*

Les choix que nous avons faits avant notre naissance, pour une vie en particulier, constituent notre plan de vie qui offre une sorte d'itinéraire ou de lignes directrices. Il nous permet, au bout du compte, d'apprendre, d'évoluer et de servir. Dans *Phénomènes*, Sylvia Browne explique la nécessité d'un tel plan : « De la même façon que nous n'irions pas à l'université sans d'abord déterminer l'institution qui nous convient le mieux, les cours que nous devons suivre, l'endroit où nous allons vivre et avec qui, ainsi que d'innombrables autres détails pour nous donner toutes les chances de réussir, il ne nous viendrait pas à l'esprit de venir sur Terre sans aucune préparation préalable. »

Nous passons souvent des contrats avec d'autres âmes qui s'apprêtent à se réincarner ; nous acceptons de jouer des rôles spécifiques — même si ces rôles sont difficiles ou répugnants à remplir — pour favoriser leur croissance spirituelle et la nôtre. Ces contrats sont à l'origine des nombreux événements insensés et tragiques qui se produisent dans l'une ou l'autre de nos vies.

L'état d'euphorie dans lequel nous étions au moment de rédiger ce plan contribue également au drame. Rappelez-vous que l'Au-delà est notre véritable demeure et que là-bas, nous baignons dans une atmosphère d'amour inconditionnel. Dans cet environnement, notre enthousiasme, notre courage et notre confiance en soi prédominent. Comme Sylvia Browne l'écrit : « Rédiger notre plan de vie dans cet état d'esprit, c'est un peu comme aller au supermarché le ventre vide : cela n'incite pas beaucoup à la modération. Même si votre vie actuelle vous paraît difficile, croyez-moi, vous étiez en train d'en planifier une encore beaucoup plus dure avant que votre guide spirituel, qui a lui aussi déjà vécu sur Terre au moins une fois et qui n'a pas oublié comment les choses se passent ici-bas, ne vous convainque de vous fixer des objectifs un peu plus réalistes. »

Pendant que nous sommes dans notre corps physique, le souvenir de notre plan de vie est flou, si ce n'est complètement évacué, mais nos guides connaissent tous les détails. Ce sont nos alliés et nos fidèles compagnons qui sont là pour nous les rappeler. Ils ont accepté la tâche en en faisant la promesse sacrée. Puis, ils se sont attelés à la tâche avec tous les hauts et les bas qu'elle comporte. Cela peut sembler être une tâche herculéenne, mais la plupart d'entre nous servirons — ou avons déjà servi — de guides.

Quand la vie est difficile, nos guides spirituels peuvent en alléger le fardeau en planifiant d'autres options pour nous. De plus, ils peuvent aller plaider auprès du Conseil, comme D. J. Conway l'explique dans *Guides, gardiens et anges*, pour adoucir ou mettre fin à des leçons karmiques, si nous les avons apprises.

Le Conseil

Après cette dernière phrase, vous vous demandez peut-être ce qu'est « le Conseil » et qui le compose. C'est un groupe de 18 esprits masculins et féminins qui, comme les anges, ne se sont jamais incarnés. Parfois appelés « les Anciens », ils sont tellement évolués sur le plan spirituel qu'ils représentent essentiellement la voix de Dieu dans l'Au-delà. Ils portent de longues tuniques vaporeuses et ils ont des visages dépourvus de rides qui reflètent une grande maturité. Les hommes ont une barbe blanche et argentée, tandis que les femmes ont de longs cheveux aux mêmes teintes.

Avant de nous incarner dans une vie, nous présentons notre plan de vie au Conseil pour recevoir sa guidance et son approbation. Puis, selon les défis que nous nous sommes donnés, le Conseil nous assigne des anges spécifiques pour qu'ils veillent sur nous jusqu'à notre retour dans l'Au-delà.

Le rôle des guides spirituels

Vous avez peut-être remarqué à quelques reprises que j'ai fait mention des guides bien avant ce chapitre-ci. La raison en est que les guides accomplissent de nombreuses choses que les anges font et ils communiquent avec nous de la même manière. Bien entendu, vous ne pouvez pas vous attendre à ce que vos guides fassent tout à votre place. Comme Ted Andrews en fait la remarque dans son livre *How to Meet and Work with Spirit Guides*, « les guides spirituels aident ceux qui s'aident ».

Leur aide est précieuse. Quand vous soupçonnez ou *savez* qu'ils vous transmettent un message, ÉCOUTEZ ! Ils vous ont étudié en profondeur avant que vous quittiez l'Au-delà. Ils sont familiers avec les moindres détails de votre plan de vie actuel, ainsi qu'avec les plans de vie de vos vies antérieures. Ils peuvent également accéder aux plans de vie des personnes qui vous entourent, sans mentionner les archives akashiques.

Même quand ils sont occupés ailleurs, ils vous écoutent. Voyez cela comme une mère qui s'active dans la cuisine, mais qui peut voir et entendre ses enfants dans la pièce d'à côté ; elle est toujours consciente de ce qu'ils font. Et en tant qu'esprits, les guides peuvent être à deux endroits en même temps s'ils le désirent.

Comme les anges, les guides spirituels sont en grande partie responsables de ce que nous appelons l'intuition. Ils communiquent avec nous au moyen de la transmission d'une connaissance infuse et de la télépathie, alors soyez attentif aux pensées qui «surgissent de nulle part», surtout si les mots employés ou le ton de la voix ne sont pas les vôtres.

Après une rupture, une de mes amies avait le cœur brisé et elle pleurait quand un message a surgi dans sa tête.

Tout va bien aller. Les choses ne sont pas finies. Redeviens toi-même et il va revenir.

Même si elle pleurait un moment plus tôt, le message soudain et apaisant l'a immédiatement calmée et elle savait que tout irait bien. Elle croit que le message lui a été transmis par son guide spirituel.

Les guides spirituels communiquent avec notre entourage exactement de la même façon; voilà pourquoi un ami ou un collègue pourrait vous donner le même conseil que vous avez perçu «intuitivement». De plus, nos guides interagissent avec les guides des autres; il y a donc beaucoup d'information qui s'échange en coulisses!

La télépathie circule dans les deux sens; vous pouvez donc demander ou dire mentalement à vos guides tout ce que vous désirez. Quand vous êtes seul, vous pouvez soit le dire à voix haute ou, si vous n'avez pas envie de vous retenir, le hurler au ciel. Rappelez-vous que les autres esprits se sentent interpellés par le vôtre, car tout est lié à ce niveau. Quand les gens disent «Je ne peux pas y aller, mais je serai là en esprit», ils disent effectivement la vérité. La pensée est tellement magnétique que quand ils pensent à vous — ou que vous pensez à eux —, une partie de leur esprit est à vos côtés.

Si vous ne savez pas par où commencer, faites d'abord appel à votre guide principal. Demandez-lui de se joindre à vous et prenez quelques profondes respirations pour calmer votre esprit. Puis, demandez quel est son nom et écoutez. Si un nom vous vient à l'esprit, c'est super! Si non, ne craignez rien! Vous pouvez choisir le nom que vous voulez pour communiquer avec votre guide : Marie, Marc, Mathusalem ou même Framboise. N'importe quel nom convient et votre guide n'en sera pas offusqué.

Nos guides spirituels connaissent la condition humaine sur tous les plans et ils sont plutôt familiers avec le voile qui nous empêche de nous rappeler nos souvenirs de l'Au-delà et la totalité de notre existence. Ils seront tout simplement reconnaissants que vous admettiez leur présence et ils seront prêts à vous guider.

Rappelez-vous que, comme les anges, les guides peuvent nous avertir d'un danger et suggérer d'autres possibilités, mais qu'ils n'interféreront jamais avec votre libre arbitre. Nous pourrions souhaiter qu'ils interviennent, surtout quand nous commettons des erreurs qui, avec du recul, semblent évidentes. Mais la liberté est un merveilleux cadeau qui est nécessaire à la progression de chaque âme sur son cheminement spirituel; en d'autres mots, pour l'évolution de l'esprit.

L'évolution de l'esprit

Quand j'avais 21 ans, ma mère et moi somme allées visiter la communauté de spiritualistes de Cassagada, en Floride. La médium que nous avons consultée est tombée pile sur plusieurs choses. Au bout d'un moment, elle a saisi un crayon et un bloc de papier et elle a dessiné le visage d'un de mes «guides spirituels». C'était la première fois que j'entendais l'expression. Lentement, l'esquisse sur la feuille de papier est devenue un visage aux traits masculins.

« C'est un guide dont j'ai senti la présence autour de vous, a dit la médium en prenant un crayon pastel couleur chair. Il s'appelle Jacques et il était archéologue en France, au XIXe siècle. Il soutient votre personnalité de chercheuse et il ne cesse de me montrer une image d'une pelle en train de creuser la terre. C'est comme si vous étiez destinée à trouver quelque chose d'important. Ça ne ressemble pas à une découverte archéologique, mais pour vous, cela pourrait valoir de l'or. »

Ce que l'âme cherche, elle le trouve. Un chercheur d'or bourru dirait : « Y a de l'or là qui attend... certainement pour tout le monde ! » En effet, il y en a. Nous parlons d'un trésor spirituel : d'une révélation et d'une expérience qui transforment le métal de base de votre existence matérielle en or éblouissant de votre plus grand potentiel.

Je ne suis pas la seule à « creuser » ici bas, pas plus que vous. Les guides spirituels reconnaissent et encouragent une telle alchimie. Ils évoluent également. En fait, l'évolution spirituelle pourrait être l'objet de tout cet exercice appelé la vie, pas seulement dans la troisième dimension mais dans toutes les dimensions.

Jusqu'à quel point nos guides sont près de nous ?

Ils sont plus près que vous ne le croyez ! Je peux le mieux illustrer cette intimité en partageant avec vous quelques souvenirs rattachés à un seul guide.

Quand Connor et Geoffrey avaient trois ans, je suis restée debout tard un soir pour regarder la télévision. Dan était couché, à l'étage, mais je tenais absolument à regarder une émission sur les enfants médiums. Le phénomène qui y était rapporté me faisait penser à mes propres enfants.

J'avais les yeux rivés sur l'écran, surtout quand on a présenté des jumeaux qui étaient devenus des médiums professionnels à l'âge adulte. C'est durant ce segment que j'ai remarqué — du coin de l'œil — ce que j'ai cru être Dan au pied de l'escalier.

— C'est incroyable, ai-je dit à voix haute. Je devrais communiquer avec eux.

Comme «Dan» n'a rien dit, j'ai poursuivi.

— Ils pourraient peut-être me donner des conseils. Les garçons nous ont choisis comme parents et je veux que nous fassions le meilleur travail possible. Penses-tu que…

Je me suis retournée au milieu de ma phrase, au moment où une pause publicitaire venait interrompre l'émission. Et je suis demeurée bouche bée devant l'escalier vide.

J'étais certaine qu'il y avait quelqu'un. J'avais vu sa silhouette. Il était tourné vers moi. Il m'observait. Il m'écoutait, bon sang! Sur le plan énergétique, sa présence était aussi palpable qu'un être en chair et en os.

Même si c'était étrange de traverser un espace qui était peut-être encore occupé, je me suis précipitée dans l'escalier. Dan était couché sur le lit et il a marmonné en émergeant de son sommeil profond.

— Hein? a-t-il grogné en guise d'accueil.

— Je me sens ridicule de te poser la question, mais n'étais-tu pas dans l'escalier, il y a une minute?

— Non, a-t-il répondu. Pourquoi?

— J'aurais juré que tu y étais, lui ai-je expliqué, mais j'imagine que c'était quelqu'un d'autre.

Ce n'est qu'à ce moment-là, en descendant l'escalier, que j'ai songé à la taille de mon visiteur. Je ne comprends pas pourquoi ça ne m'a pas frappée avant, mais le fait demeure que la silhouette avait la même stature que Dan, si je mesurais à partir d'environ un mètre au-dessus de la marche en question.

Je me suis rappelé avoir lu la différence qu'il y avait entre les fantômes et les esprits. Les fantômes existent sur une fréquence vibratoire plus élevée que la nôtre, tout en étant confinés au niveau du sol. Mais comme Sylvia Browne l'explique dans *Phénomènes*, les esprits ont traversé le tunnel qui mène à l'Au-delà, qui se trouve à environ un mètre au-dessus du niveau du sol. Quand les esprits sont décrits comme des entités qui « flottent », ils se déplacent vraiment au niveau du sol de leur propre dimension.

Si c'était le cas, l'entité dans l'escalier devait absolument être un esprit ou un ange. À plus de trois mètres, ce n'était pas un être humain.

Peu de temps après ce soir-là, j'ai communiqué avec les jumeaux médiums de l'émission de télévision pour une lecture psychique au téléphone. Ils m'ont entre autres dit que j'avais un guide spirituel qui s'appelait Michel ou Michelle.

En raccrochant, j'ai réfléchi à un élément en particulier : est-ce que mon guide était un homme ou une femme ?

Michel ou Michelle ? me suis-je demandé dans mon esprit.

Aussi vite que l'éclair, j'ai reçu une image mentale de la bonne épellation : M-I-C-H-E-L.

Oh ! me suis-je exclamée à voix haute, surprise par la force d'une réponse que je ne m'attendais pas à recevoir.

Je me sentais ridicule de m'adresser à ce qui semblait être une pièce vide, mais j'ai poursuivi. « Eh bien, voici
une requête. J'aimerais en savoir davantage sur toi. Peu
importe la façon que tu choisis de me le dire, ça me
convient. »

Cette nuit-là, j'ai rêvé que j'étais en Irlande. Je suis entrée
dans un pub et je me suis frayé un chemin entre les tables,
les chaises et les clients qui n'ont même pas remarqué ma
présence. Seul un homme m'a vue et il était debout près
d'une porte, au fond de la salle.

Il était un peu plus grand que moi. Ses cheveux auburn
étaient courts, mais ils étaient tout de même ondulés. Tandis
que j'avançais vers lui, il a plongé son regard bleu foncé
dans le mien. Je ne me rappelle pas qu'il ait cligné des
yeux... pas même une seule fois. Mais il a souri quand je me
suis arrêtée devant lui.

Je t'aime, a-t-il dit sans prononcer de mots.

Je t'aime, moi aussi, ai-je répondu de la même manière.

Notre amour est incommensurable, a-t-il poursuivi, *et partout où tu iras, j'irai. Aie confiance en moi. Je vais te ramener
saine et sauve à la maison.*

Nous nous sommes étreints. Puis, j'ai glissé ma main
dans la sienne et nous avons quitté le pub ensemble.

Nous avons parcouru un chemin sinueux bordé de
vieux murs de pierres. Des gens étaient en train de célébrer
un festival que je ne pouvais pas identifier, dans un champ
vert émeraude situé à notre gauche. Mais ils nous ont
ignorés, tout comme chaque passant.

Au bout d'un moment, nous avons pénétré dans un
immeuble moderne et j'ai remarqué les toilettes pour
femmes au bout du corridor.

Une seconde, s'il te plaît, ai-je dit à mon compagnon. *Je reviens.*

Je suis entrée dans les toilettes. Chaque cabine était occupée, alors je me suis placée au bout de la longue file de femmes qui attendaient.

Pour une raison que j'ignore, j'ai regardé à ma droite. À un mètre de distance entre le mur et moi, mon compagnon aux yeux bleus était là.

Tu vois ? a-t-il dit. *Je suis même ici.*

Manifestement, ai-je répliqué. *Mais veux-tu bien me dire pour quelle raison tu devrais te trouver dans les toilettes ?*

Je te l'ai déjà dit ; partout où tu iras, j'irai.

Puis, je me suis réveillée brusquement… avec un urgent besoin d'aller faire pipi. Voilà donc pourquoi il y avait des toilettes dans mon rêve !

Mais qui était cet homme ? Il était si réel. Le sentiment de sécurité et d'acceptation que j'avais ressenti en sa présence était indicible. Au sens propre du terme : nous avions communiqué par télépathie.

Qui était-il ? Était-il le guide spirituel dont les médiums avaient parlé ?

J'ai eu ma réponse le lendemain. Dan et moi jouions avec nos garçons dans le salon, et Geoffrey a requis mon attention. Il a saisi deux figurines Fisher Price sur la table. Puis, il m'a tendu la petite fille aux cheveux blonds du nom de Sarah Lynn et il a gardé le petit garçon roux sans nom.

Il a fait avancer la figurine en lui faisant faire des petits bonds sur la table, puis il l'a placée devant la fillette dans ma main.

— Salut, a-t-il dit, en jouant le rôle du garçon. Comment vas-tu ?

— Je vais bien, ai-je répondu en jouant le rôle de la fillette. Comment vas-tu ?

— Je vais bien, moi aussi.

— Je m'appelle Sarah Lynn, ai-je dit en faisant faire un salut de la tête à la figurine. Comment t'appelles-tu ?

Parce que le garçon avait l'air irlandais, j'ai pensé que Patrick serait un bon nom pour lui. Mais je me suis demandé quel nom Geoffrey allait choisir. Il n'a pas hésité une seconde :

— Michel, a-t-il répondu.

Au début, je n'ai pas réagi. Puis, j'ai compris la signification des figurines qu'il avait choisies. J'avais la fillette qui avait la même couleur de cheveux que les miens et il avait le garçon aux cheveux orangés, la couleur la plus proche de la couleur auburn pour des jouets Fisher Price. Ensuite, Geoffrey a tenu « Michel » au-dessus de la table de manière à ce qu'il vole dans les airs devant la fillette.

J'ai parcouru le salon du regard, comme si je pouvais repérer l'âme qui avait inspiré le nom à Geoffrey. Mais je n'avais pas besoin de le voir ; je savais au fond de mon cœur que c'était mon guide spirituel. C'était peut-être lui que j'avais aperçu dans l'escalier durant l'émission sur les enfants médiums. Il m'avait peut-être encouragée à communiquer avec les jumeaux médiums pour qu'ils me donnent son nom, ce qui a déclenché la communication entre nous. Puis, par l'entremise de mon rêve et de mon garçon, il est entré en contact avec moi d'une façon que je pouvais comprendre.

Comme je l'ai déjà mentionné, je ne suis pas une médium professionnelle. Si mes guides sont si près de moi, les vôtres le sont tout autant. Êtes-vous prêt à en apprendre davantage sur eux ? Voici quelques suggestions pour commencer.

Des indices qui remontent à l'enfance

Ceux-ci sont importants, surtout en ce qui concerne votre guide principal. Vous avez peut-être également pressenti d'autres guides qui ont joué ou joueront plus tard un rôle dans votre vie.

Aviez-vous un ami imaginaire quand vous étiez enfant? Comment s'appelait-il?

Quels noms donniez-vous à vos poupées ou à vos animaux en peluche préférés?

Durant votre enfance, écriviez-vous des histoires? Est-ce qu'un personnage en particulier se démarquait ou apparaissait dans plusieurs histoires? Est-ce que les détails à propos de ce personnage étaient plus clairs que d'autres détails? Quand vous rédigiez un dialogue, est-ce que les répliques de ce personnage vous venaient plus facilement que celles des autres personnages?

Si vos souvenirs sont flous ou si vous voulez une confirmation, vous pouvez poser la question à vos amis et à vos voisins d'enfance, ainsi qu'à vos frères, vos sœurs, vos cousins, vos parents, vos grands-parents ou à d'autres membres de votre famille. Les premières indications de la présence de vos guides remontent souvent à l'enfance.

Les rêves et les voyages astraux

Comme nous l'avons vu, les guides spirituels viennent à l'occasion dans nos rêves. Ils nous accompagnent également dans un grand nombre de nos voyages astraux.

La projection astrale — aussi appelée «expérience hors du corps» (EHC) — est l'habileté naturelle du corps astral (l'esprit) de quitter le corps physique. Alors que certaines personnes considèrent les EHC comme étant de simples fantaisies ou rêves, la plupart des gens qui en vivent jurent que l'expérience est très différente. Dans son livre *Have an Out-of Body Experience in 30 days*, le psychologue Keith Harary affirme que les mesures prises en laboratoire pendant que le phénomène se produit, soit celles des ondes du cerveau et des autres fonctions physiologiques, soutiennent la réalité des EHC.

Le voyage astral est essentiellement la même chose que la projection astrale, sauf que nous faisons alors parfois l'expérience du voyage et de la destination. C'est ainsi que nous sommes arrivés dans notre corps physique avant notre naissance et que nous retournerons au bercail à notre mort. Et durant ces brefs répits bénéfiques de notre corps — dont nous profitons, selon Sylvia Browne, en moyenne deux à trois fois par semaine, pendant que nous dormons —, nous nous transportons libres de tout bagage et du poids de notre corps vers le parfait bonheur de la liberté de l'âme.

Dans *Conversations avec Dieu* (tome 3), « Dieu » dit ceci : « Car, à la naissance, l'âme se trouve contrainte par les affreuses limites d'un corps, et au moment de la mort, elle échappe à nouveau à ces contraintes. Elle fait de même durant le sommeil. Ayant retrouvé la liberté, l'âme vole — et se réjouit à nouveau dans l'expression et l'expérience de sa véritable nature. »

Comment pouvons-nous dire quand un « rêve » est en fait un voyage astral ? Il y a trois indices révélateurs : (1) il y a une suite claire et rationnelle des événements ; (2) vous observez votre corps de l'extérieur, c'est-à-dire que vous pénétrez dans votre corps ou vous en sortez ; et (3) vous volez ou vous flottez sans l'aide d'un avion ou d'une autre technologie.

Bien entendu, bon nombre de voyages astraux n'incluent pas la sensation de voler. Cela dépend de notre vitesse de voyage : il peut s'agir d'un rythme lent semblable à une promenade, d'une vitesse intermédiaire durant laquelle un vent rugissant semble souffler près de nous, ou de la vitesse de la pensée où nous sommes instantanément transportés à notre destination. L'esprit peut atteindre ces trois vitesses et beaucoup d'entre vous vont les reconnaître parce que vous en avez fait l'expérience. Si le sujet vous intéresse, je vous recommande de lire *Mastering Astral Projection* de Robert Bruce et Brian Mercer.

Si un rêve — ou un voyage astral déguisé en rêve — contient l'un ou l'autre des éléments suivants, cela indique fortement que vous êtes entré en contact avec un de vos guides.

Un regard fixe, plongé dans le vôtre

Selon mon expérience, les guides ne clignent pas des yeux une fois que leur regard est plongé dans le mien. Leur regard semble plonger dans mon âme et j'ai le sentiment qu'ils me connaissent mieux que moi-même. L'événement suscite de la confiance et non de la peur.

Une voix désincarnée

Si vous avez déjà regardé une des émissions populaires qui traitent d'enquêtes sur le paranormal — par exemple *Les traqueurs de fantômes*, *Les traqueurs de fantômes international*,

Destination Vérité, État paranormal, etc. —, vous êtes déjà familier avec cette façon qu'a le monde des esprits de nous faire «coucou». Si vous ne l'êtes pas, ne vous en effrayez pas. Certaines personnes entendent clairement la voix de leur guide spirituel quand elles sont éveillées. Cependant, les guides spirituels savent que la plupart des gens vont plus facilement entendre et reconnaître la voix de leur guide durant leurs rêves ou ce qu'ils croient être des rêves. Après tout, c'est à ce moment-là que bon nombre de nos idées préconçues et de nos blocages s'envolent pour ainsi dire. Les anges, les gardiens et les guides peuvent alors monter le volume et nous donner de précieuses informations sans que nous soyons trop énervés par l'événement. Alors si vous rêvez et que vous entendez une voix sans qu'elle soit associée à un interlocuteur, détendez-vous. Il y a de fortes chances que ce soit votre guide spirituel.

Rêve lucide, détails spécifiques et recours à des habiletés jusque-là inconnues

Vous faites un rêve lucide quand vous vous mettez à analyser les événements qui se produisent dans votre rêve au moment même où vous y participez. En étant ainsi conscient, vous remarquerez des détails spécifiques que vous garderez en mémoire. Vous pourriez aussi remarquer que vous pouvez parler une langue que vous n'avez jamais apprise dans votre vie actuelle ou utiliser des habiletés que vous ne vous rappelez pas avoir acquises. Dans de nombreux cas, une personne que vous percevez comme un ami ou un mentor sera à vos côtés ; il s'agira sans doute de votre guide.

Suivre quelqu'un que vous sentez intuitivement digne de confiance

Cela crée souvent une sorte d'anticipation, comme si quelque chose d'important allait se produire. Sans savoir pourquoi, vous êtes simplement attiré vers la personne et vous la suivez sans poser de question. Si pour une raison inconnue vous avez de la difficulté à faire confiance aux gens, vos guides pourraient d'abord apparaître sous forme d'animaux attirants, pas seulement dans vos rêves, mais dans vos méditations également. C'est dans leur meilleur intérêt, et le vôtre, que vous vous sentiez à l'aise.

Même quand ils prennent une forme humaine, leur apparence initiale ou leurs vêtements pourraient vous perturber, en raison de vos préférences personnelles, de vos expériences passées ou de votre situation actuelle. Si cela se produit, ils vont se retirer un moment et la prochaine fois qu'ils réapparaîtront, ils le feront de façon plus acceptable pour vous. Rappelez-vous simplement que leur intention n'est pas de vous tromper, mais de devenir votre ami.

Les visites

Comme vous le savez déjà, les esprits surgissent parfois pour nous saluer. Nos guides sont autour de nous la plupart du temps — fréquemment juste à nos côtés —, mais nous ne détectons pas toujours leur présence.

Cependant, à force de vous familiariser avec eux, il vous arrivera non seulement de *savoir* soudainement et avec certitude qu'ils sont présents, mais à quel endroit précis dans la pièce. Et s'ils croient que vous êtes en mesure de supporter un contact physique sans avoir la peur de votre vie, ils pourraient annoncer leur présence au moyen d'un doux frisson qui semble plus léger qu'une caresse humaine sur votre front, vos épaules, votre bras ou ailleurs.

Les signes de l'Au-delà

Ils peuvent provenir de vous, de votre famille, d'un ami, de médiums professionnels ou même d'étrangers dans la rue. Ne les écartez pas en pensant que ce n'est que le fruit de votre imagination... surtout quand ils corroborent le même message. Prêtez-y attention!

Quand vous recevez une confirmation ou qu'une synchronicité se produit, ne la considérez pas comme une simple coïncidence. Ouvrez-vous à la guidance et à la magie de notre univers interrelié.

Les recherches historiques

Bien que plusieurs maîtres ascensionnés puissent travailler avec vous durant cette vie, leur guidance ne se limitera pas à vous seulement. Ils veillent sur le développement spirituel de nombreuses personnes et ils sont disponibles pour tous ceux et celles qui demandent leur aide. De plus, vos guides personnels sont plus susceptibles d'être de parfaits inconnus que des personnages historiques célèbres. Malgré cela, vous pourriez avoir la chance de découvrir que vos guides — et les détails qui les concernent — correspondent à des personnes dont la vie est rapportée dans des documents historiques, par exemple, en consultant les sociétés de généalogie sur Internet. Selon l'information qui est offerte et que vous

ressentez intuitivement, vous pourriez commencer à chercher à partir de quelques indices ou d'un grand nombre de
faits. D'une façon ou d'une autre, si vous effectuez des
recherches, vous pourriez en apprendre davantage sur
ces gens — si vous les avez connus dans des vies antérieures — et sur vous-même.

La canalisation et la méditation

Comme pour la plupart des choses dans la vie, la patience
et la persévérance finissent par porter leurs fruits quand il
est question de canalisation (ou channeling) et de méditation. Les réponses vont venir à vous. Elles pourraient surgir
dans votre esprit sous forme d'images visuelles qui symbo-
lisent les pensées, ou sous forme de mots, qui sont simplement des symboles verbaux ou écrits de vos pensées. Sur le
plan symbolique, les mots sont habituellement plus directs
que les visions, mais ne stressez pas à ce sujet. Peu importe
la forme, l'information que vous recevez est un cadeau...
qui va de soi, pour être honnête. Les esprits avec lesquels
vous voulez entrer en contact *veulent que vous le fassiez*. Votre
simple intention de communiquer entraînera une série
d'événements qui vous aideront à réussir.

La technique de canalisation décrite dans le chapitre 5
fonctionne également avec les guides spirituels. Assurez-
vous simplement de faire spécifiquement appel à eux.

Si la méditation vous attire, vous pouvez créer votre
propre méditation ou essayer une méditation guidée d'un
CD. Il en existe un grand nombre sur le marché. Vous pourriez regarder sur Internet ou aller dans une librairie et
laissez vos anges, vos gardiens ou vos guides vous diriger

vers la meilleure version pour vous. Sur Internet, un titre en particulier pourrait attirer votre attention et vous titiller même si vous cherchez d'autres titres. Dans une librairie, un CD pourrait tomber d'une tablette ou être placé à un endroit incongru qui attire votre regard. Dans la plupart des cas, votre intuition — ou les esprits qui s'en servent pour communiquer avec vous — guidera votre choix.

Vous pouvez aussi rencontrer votre guide spirituel en effectuant la méditation suivante. Après les trois premières étapes (exprimer votre intention, vous ancrer et vous purifier, et vous détendre en vue de la méditation), vous commencerez en vous installant dans la pièce confortable que vous avez créée pour la méditation pour rencontrer votre ange gardien.

Méditation pour rencontrer vos guides spirituels

Imaginez-vous en train de marcher dans votre pièce idéale et de faire ce que bon vous semble. Puis, vous décidez d'aller vous promener dans le jardin. Vous quittez la pièce et vous vous dirigez dans le corridor vers une table, près de la porte arrière. Sur la table, il y a un panier en osier rond avec une poignée tressée. Vous saisissez le panier et vous sortez au grand air. Tout en inspirant le parfum des fleurs, vous avancez dans le magnifique jardin vers un labyrinthe en haie de cèdre, situé à l'autre extrémité. La haie mesure plus de deux mètres et le labyrinthe est en forme de spirale.

Vous entrez dans le labyrinthe et, après quelques pas, vous apercevez par terre une pierre précieuse rouge de la grosseur d'une balle de golf. Vous vous penchez pour la regarder de plus près et vous constatez qu'il s'agit d'un rubis. Vous la prenez dans votre main et vous vous levez. Puis, vous examinez le rubis. La couleur vous remplit de force et de courage et elle semble améliorer votre conscience sensorielle. Au bout d'une minute, vous déposez le rubis dans votre panier et vous continuez d'avancer.

Au bout d'un moment, vous remarquez un deuxième objet par terre : c'est un morceau d'ambre orange doré. Vous vous penchez pour le saisir et vous vous redressez. Il est lisse et vous vous sentez équilibré et positif en fixant ses profondeurs. Un moment plus tard, vous le déposez dans votre panier et vous continuez d'avancer.

Vous tournez un autre coin du grand labyrinthe et vous découvrez un cristal jaune et brillant — de la même grosseur que vos autres trésors. Il s'agit d'une citrine. Vous la prenez également et vous êtes soudainement frappé par un sentiment de clarté mentale et émotionnelle. Le cristal vous donne de l'énergie et stimule votre confiance en soi. Tout en souriant, vous déposez la pierre dans votre panier et vous continuez de marcher.

Plus loin dans la spirale, vous voyez par terre une émeraude. Vous la prenez et un sentiment de paix vous envahit presque immédiatement. Votre cœur se gonfle d'amour et vous vous sentez entièrement en sécurité. Vous déposez l'émeraude dans votre panier et vous poursuivez votre route dans le labyrinthe.

La prochaine pierre que vous apercevez est un saphir bleu. Vous tenez à l'avoir, alors vous le saisissez et vous le serrez doucement dans la paume de votre main. La couleur foncée vous inspire et, même si vous ne savez pas pourquoi, vous avez l'impression qu'en le tenant simplement, le saphir augmente votre habileté à recevoir les messages des esprits. Et hop! dans le panier! Puis, vous poursuivez votre promenade.

Peu de temps après, vous apercevez une améthyste. Au moment où votre main se referme sur cette pierre violette, votre conscience psychique s'accroît et vous vous abandonnez à son pouvoir. Vous êtes prêt et capable de voir tout ce que votre ou vos guides veulent vous montrer. Vous déposez l'améthyste dans le panier et vous poursuivez votre chemin.

Droit devant vous, il y a un quartz clair de la taille de la paume de votre main. Vous le prenez et vous détectez la légère vibration qu'il émet. Fasciné, vous examinez la forme unique du cristal et vous laissez sa douce vibration vous harmoniser avec ce qui vous entoure. Elle pénètre dans cette part en vous qui ne fait qu'un avec tout, et vous savez de tout votre être que vous êtes maintenant prêt à rencontrer votre guide.

Vous tournez le dernier coin du labyrinthe et là, au cœur de la spirale, se trouve votre guide principal. Est-ce un homme ou une femme? Remarquez ses vêtements. Demandez-lui comme il ou elle s'appelle. Est-ce que votre guide fait quelque chose ou vous regarde-t-il simplement? Si vous apercevez un symbole plutôt qu'un être, mémorisez ses détails du mieux que vous pouvez. Si vous n'êtes conscient que d'une odeur spécifique, essayez de l'identifier.

Offrez votre panier à votre guide et notez sa réaction. Rappelez-vous que votre guide spirituel vous connaît et qu'il vous aime tel que vous êtes, mais son apparence pourrait changer durant votre rencontre. Passez autant de temps que vous le désirez avec votre guide. Si d'autres guides se présentent, découvrez tout ce que vous pouvez à leur sujet.

Quand vous serez prêt, dites-lui au revoir. Vous pouvez récupérer votre panier de trésors ou le laisser à votre guide. Revenez sur vos pas dans le labyrinthe jusqu'à ce que vous soyez de nouveau dans le jardin.

(Fin de la méditation)

Prenez quelques profondes respirations et ouvrez les yeux. Réfléchissez à ce que vous venez de vivre et, si vous voulez tenir un journal, notez tout ce que vous vous rappelez à propos de votre guide et de ce que vous avez appris.

10

Les animaux guides :
les assistants, les totems et les augures

Vous êtes maintenant bien conscient que les esprits humains ne sont pas les seuls guides qui existent. Qu'ils soient incarnés, en esprit ou symboliques — c'est-à-dire associés à des archanges en particulier — les animaux remplissent également cette fonction. Ils facilitent notre croissance spirituelle et nous rappellent quel est notre potentiel. Ils peuvent nous enseigner des choses, nous avertir, nous réconforter et clarifier les situations même les plus confuses.

Les esprits animaux et les esprits humains ont des similitudes, dont deux méritent d'être mentionnées. Un guide peut agir en tant que gardien, tout comme un gardien peut jouer le rôle de guide. C'est également vrai des autres gardiens tels que les maîtres ascensionnés et les esprits de la nature. Il est également bon de noter que même si un ou plusieurs animaux jouent un rôle plus important dans votre vie, d'autres vont et viennent selon les besoins.

Dans le chapitre 8, j'ai parlé des animaux de pouvoir (ou animaux totems). Ceux qui croient en ces assistants animaliers ont diverses opinions sur le sujet; mais il serait trop fastidieux de passer en revue toute l'information! Même si les totems viennent du monde des esprits — comme tout le reste —, certaines personnes ne les considèrent que comme des gardiens ancestraux, distincts des « esprits animaux » qui servent de messagers. D'autres font une distinction entre les « animaux totems de pouvoir » (qui font partie des croyances chamaniques) et les « esprits animaux totems », bien que les deux types puissent demeurer auprès de vous durant toute votre vie. D'autres encore, comme D. J. Conway et Silver Raven Wolf, croient que les animaux de pouvoir et les « familiers » sont les mêmes.

Beaucoup de gens sont catégoriques que pour être un *vrai* chaman ou une *vraie* sorcière, la personne doit être choisie par un totem de pouvoir, qui pourrait être un familier ou un « envoyé spécial » (un esprit ou une divinité qui envoie un esprit animal ou qui prend la forme d'un esprit animal au moment d'aborder un disciple potentiel). Cependant, comme nous choisissons nos expériences clés — avec nos alliés et nos ennemis — dans l'Au-delà, bien avant notre naissance, une vision différente semble émerger. Dans un environnement où règnent la coopération et le respect entre toutes les parties concernées, les êtres humains et les animaux se choisissent *mutuellement*.

Je ne voudrais surtout pas causer de polémique autour de la terminologie utilisée ou des différents pouvoirs des animaux. Pas plus que je ne voudrais faire la publicité des croyances d'une culture *en particulier*, ancienne ou nouvelle. Sachez seulement que quand j'utilise le mot « totem », je le fais avec le plus grand respect pour les sociétés totémiques et tous les esprits animaux, qu'ils soient incarnés ou non.

Les esprits familiers

Les familiers sont un type de « guides assistants » et de gardiens. Ils peuvent être des animaux incarnés ou astraux (des esprits), des esprits humains, des élémentaux et même des plantes. Dans *Animal Magick*, D. J. Conway décrit les familiers de l'espèce animale et elle affirme qu'il n'est pas nécessaire d'être un sorcier ou une sorcière, ou même de croire aux esprits familiers pour en avoir un. Les animaux de compagnie jouent souvent le rôle de familiers et ils communiquent en vous envoyant des images mentales.

« Vous pourriez même attirer un familier astral en raison de votre enthousiasme pour cette créature avec laquelle il vous est impossible d'entrer en contact dans la dimension physique, explique-t-elle. Bon nombre de personnes collectionnent des images ou des statuettes d'un animal en particulier sans jamais se rendre compte qu'elles communiquent de manière subconsciente avec cette créature, que ce soit simplement pour ses qualités de familier (sans pouvoirs magiques) ou pour les pouvoirs magiques et spirituels qu'elle possède. »

Ainsi, les familiers sont comme les animaux totems (dont nous parlerons dans un moment), les totems de vie en particulier. Ils incarnent toutes les caractéristiques positives de leur espèce.

Silver Raven Wolf reconnaît ce fait dans son livre *To Ride a Silver Broomstick* et elle indique que le terme «animal de pouvoir» dénote un lien entre la sorcière et l'essence du pouvoir de cet animal. De plus, «dans le monde astral, vous pouvez émerger avec votre totem et devenir cet animal tout en conservant votre propre intelligence. C'est ce qu'on appelle la métamorphose.»

Les identités ou interprétations possibles des esprits animaux

Quand vous rencontrez un esprit animal — dans vos rêves, vos méditations ou dans la «vie réelle» —, il pourrait s'agir d'une de ces trois choses : (1) l'esprit d'un animal; (2) un représentant énergétique d'une espèce animale entière et non pas un esprit individuel; ou (3) une entité, par exemple un ange ou un autre type d'esprit, qui utilise l'image de cet animal pour communiquer avec les êtres humains. (Voir, dans le chapitre 3, les animaux qui correspondent à des archanges en particulier.)

Comme Ted Andrews le souligne dans son livre *Animal-Speak* : «Nous ne sommes pas obligés de croire que ces images et ces totems sont des êtres dotés d'une grande intelligence, mais ce sont des pouvoirs archétypaux qui se tiennent en retrait et qui supervisent toutes les manifestations de la nature. Ces archétypes possèdent leurs propres qualités et caractéristiques qui se reflètent dans les comportements et les activités des animaux et des autres expressions de la nature. Quand nous y prêtons attention et que nous reconnaissons l'existence d'un totem de la nature, nous honorons l'essence qu'il renferme. Nous nous ouvrons et nous nous harmonisons à cette essence. Nous pouvons alors l'utiliser pour comprendre plus clairement les circonstances de notre propre vie. Nous pouvons profiter de son pouvoir ou de sa "médecine". Les totems de la nature — en particulier les animaux — sont les symboles des types d'énergie spécifiques que nous dégageons et alignons sur notre propre vie. »

Les animaux totems

Nous sommes inextricablement liés au monde de la nature. Il ne fait pas que nous soutenir ; il *est* nous. Et rappelez-vous que tout ce qui est qualifié de « surnaturel » est en fait naturel ; simplement, nous ne le comprenons pas encore complètement. Sur le plan énergétique, notre environnement n'est qu'un prolongement de notre propre corps.

Un picotement sur le dos de votre main, qui est un prolongement naturel de votre corps, est un message qui attire votre attention et vous pousse à vous gratter. Quand des créatures — en chair et en or, en esprits ou sous forme de symboles — se manifestent, elles agissent également comme des prolongements de notre corps et nous transmettent des messages qui peuvent guider nos actions. C'est particulièrement vrai quand elles apparaissent de manière inhabituelle, inattendue ou récurrente. Elles nous influencent en tenant quatre rôles principaux : le totem de vie (animal de vie), le totem de parcours (animal de parcours), le totem messager (animal messager) et le totem de l'ombre (animal de l'ombre). Examinons les quatre.

Le totem de vie

Cet animal est celui que j'ai mentionné dans le chapitre 8. C'est votre gardien et votre guide du royaume des esprits qui vous accompagne durant toute votre vie. Il reflète votre moi spirituel le plus profond et vos habiletés innées — certaines dont vous pourriez ne pas être conscient — et il pourrait vous donner des indices sur le destin que vous avez planifié avant votre naissance.

Après tout, comme Sylvia Browne l'explique dans *Phénomènes*, vous avez choisi votre totem bien avant votre naissance et il est un compagnon fidèle dévoué à votre bien-être. «Il ne nous viendrait jamais à l'idée de nous aventurer sur Terre sans notre totem et, comme tous les animaux domestiques que nous avons eus au cours de nos vies précédentes, notre totem est l'un des premiers à nous accueillir dès que nous avons complété notre voyage à travers le tunnel et que nous sommes arrivés sains et saufs à la Maison.»

Quand c'est nécessaire, cet animal fait appel à d'autres esprits animaux pour communiquer de l'information spécifique et encourager votre évolution. Il supervise leur guidance et il peut en fait travailler avec d'autres esprits, jouant alors le rôle de guide.

Le totem de parcours

Cet animal se manifeste quand votre vie prend une nouvelle direction. La durée de ce parcours et votre évolution sur celui-ci déterminent combien de temps il vous accompagnera. Il va demeurer jusqu'à ce que vous ayez complété ce parcours en particulier.

Le totem messager

À moins que vous soyez trop têtu pour comprendre le message, cet animal reste une brève période de temps et il laissera une forte impression en vous. Il pourrait suggérer la meilleure façon de composer avec un défi actuel. Il pourrait aussi servir d'augure.

Un augure est un signe prophétique qui peut être d'ordre personnel ou à une plus grande échelle. Dans *Animal Omens*, Victoria Holt explique comment les augures personnels peuvent nous guider. Ils nous enseignent à observer le monde qui nous entoure et à nous servir de notre intuition. Ils nous font des révélations sur des situations ou des événements dans notre vie.

À une plus grande échelle, les animaux peuvent nous prévenir des catastrophes à venir. Frances Fox, une médium et spécialiste de la communication inter-espèces, croit que les dauphins ont prédit le désastre de l'ouragan Katrina, en 2005, des semaines avant qu'il ne se produise. Le 4 janvier 2005, dans un article du *National Geographic News*, la journaliste Maryann Mott a rapporté des détails étranges concernant le tsunami dans l'océan Indien, en 2004. « Avant que des vagues géantes s'abattent sur les côtes du Sri Lanka et de l'inde, il y a 10 jours, les animaux domestiques et sauvages ont semblé savoir ce qui allait se produire et ils sont allés se mettre à l'abri. Selon des témoins, les événements suivants se sont produits :

- Des éléphants ont poussé des barrissements et se sont réfugiés dans les hautes terres.

- Des chiens ont refusé de sortir à l'extérieur.

- Des flamants ont abandonné leurs aires de nidification dans les marécages.

- Des animaux du zoo se sont précipités dans leurs abris et ont refusé de sortir.

Bien entendu, la croyance aux animaux servant d'augures existe depuis les temps anciens.

Le totem de l'ombre

Il s'agit d'un animal qui vous fait d'abord peur, mais que vous reconnaissez plus tard comme un allié. Il est susceptible de vous dégoûter et il va sans cesse revenir pendant que vous essayez d'accepter sa présence. Il pourrait représenter une force cachée ou une faiblesse que vous ne voulez pas admettre. Ne soyez pas surpris s'il apparaît durant de grandes épreuves ou des périodes de chaos. Une fois que vous l'avez identifié, rappelez-vous qu'il n'est là que pour vous aider et vous indiquer la voie vers une meilleure version de vous-même que vous n'auriez jamais imaginée.

Comment interpréter la présence d'un animal

Le contexte est crucial quand il s'agit d'interpréter la signification de la présence d'un animal dans votre monde. Chaque animal est associé à différentes qualités et n'importe laquelle pourrait avoir un sens. La qualité spéci-fique et le message qui y est rattaché seront uniques à votre situation. Les animaux peuvent aussi tirer de l'information de notre subconscient et nous en faire prendre conscience. Voici un exemple.

Une nuit, j'ai rêvé que j'étais debout près du comptoir de la cuisine et que je triais des herbes. L'armoire devant moi s'est ouverte et un raton-laveur est apparu. Il a sauté sur le comptoir et m'a regardée droit dans les yeux tout en m'éra-flant la main. Je me suis réveillée brusquement, certaine que le rêve était important. J'ai appris peu de temps après que le mot « raton-laveur » serait dérivé du mot algonquin *ahrah-Koon-em*, signifiant « celui qui dérobe, frotte et érafle avec ses mains ». Les ratons-laveurs peuvent symboliser la curiosité, la protection, la dextérité ou le déguisement, mais dans le cas présent, le rêve n'était pas un augure. Le raton-laveur a plutôt vu à travers mon « déguisement » actuel et il m'a rappelé une vie antérieure dans laquelle je parlais le mesquakie (une langue algonquienne) et j'utilisais les plantes pour soigner les gens.

Les symboles et les signes qui ont une signification et qui offrent une forme de guidance peuvent apparaître par-tout. Disons que vous rêvez à une statue qui a un corps humain mais une tête d'éléphant et que vous n'avez aucune idée de ce qu'elle représente. Le lendemain, sans la moindre raison, vos enfants ont une longue conversation sur les élé-phants et ils essaient de les imiter. Puis, plus tard dans la journée, la même créature est la première image qui appa-raît quand vous allumez la télévision. Et pour couronner le tout, votre partenaire et vous terminez la journée en regardant votre émission préférée, une série de fiction au rythme palpitant qui n'a rien à voir avec les éléphants. Mais ce soir-là, un des personnages principaux s'avère être Ganesh, un dieu hindou qui se métamorphose en éléphant durant l'épisode.

Que penseriez-vous de tout cela ? Diriez-vous que ce n'est qu'une coïncidence ? Ou commencerez-vous à soupçonner que quelqu'un ou *quelque chose* agit en coulisse pour vous transmettre un message ?

Avec un peu de recherche, vous découvririez que Ganesh — qui est habituellement représenté avec un corps humain et une tête d'éléphant — est connu comme étant celui qui écarte les obstacles. Si vos efforts pour atteindre un objectif ont été vains, le symbole récurrent de l'éléphant pourrait signaler un soulagement et une réussite ultime.

Quand un animal apparaît dans votre vie — que ce soit à répétition ou une seule fois, mais de façon inhabituelle ou évidente —, vérifiez ce qu'il symbolise. Puis, prenez en considération votre situation personnelle (ou contexte) et votre propre intuition, et vous comprendrez le message. Si vous êtes encore incertain, demandez à vos gardiens ou à vos guides de clarifier la chose.

Vous pouvez aussi vous ouvrir à l'énergie ou au message d'un animal en vous concentrant sur son image d'une des deux façons suivantes : (1) en utilisant une photo, un dessin ou une sculpture de l'animal ; ou (2) en visualisant dans votre esprit une image de l'animal. Avant de commencer l'exercice, assurez-vous d'être seul et de ne pas être dérangé, puis prenez une profonde respiration.

Pour la première méthode, fixez la représentation de l'animal et posez toutes les questions que vous avez. Vous pouvez ne pas poser de questions et vider simplement votre esprit pour recevoir tout message qui surgit. Si vous êtes doué pour la clairsentience, touchez l'image ou tenez la sculpture dans votre main afin de vous aider à entrer en harmonie avec l'animal.

Pour la deuxième méthode, fermez les yeux et voyez l'animal dans votre esprit. Concentrez-vous sur l'image et, quand vous vous sentez prêt, posez vos questions ou demeurez simplement silencieux et réceptif.

Vous trouverez ci-après la liste des totems animaux les plus courants et les significations qui y sont associées, tirées de différentes sources, dont les livres de Ted Andrews, D. J. Conway, Victoria Hunt, Jamie Sams et David Carson. Pour une liste plus complète et plus de détails, consultez *Animal-Speak* de Ted Andrews et *Animal Magick* de D. J. Conway, ou un autre livre qui traite du même sujet et qui se trouve dans la liste des lectures recommandées.

Abeille : coopération avec autrui, extraire le « miel » de la vie, fertilité

Aigle : illumination, lien spirituel avec les royaumes supérieurs, force de l'esprit, vision

Alligator et crocodile : initiation, intégration, énergies primales de la naissance et de la maternité

Alouette : se libérer des inquiétudes

Antilope : action, souplesse de l'esprit, vitesse

Araignée : créativité, tisser son destin, écriture

Autruche : être fermement ancré, bon jugement

Baleine : douceur, intuition, pouvoir du chant, archivage, télépathie

Belette : clairaudience, ingénuité, observation ou poursuite silencieuse, discrétion

Bélier : accomplissement, découvertes, détermination, en quête de nouveaux départs, force, virilité

Bison : abondance, manifestation

Blaireau : affirmation de soi, forte personnalité, détermination

Bœuf : chasteté, fiabilité, caractère sacré, sacrifice

Caille : harmonie en groupe, havre de paix, travail d'équipe, tolérance

Caméléon : sensibilité aux auras, clairvoyance, maîtrise du changement

Canard : attachement, sécurité émotionnelle, libre arbitre

Canari : pouvoir du chant et de la voix

Carcajou : courage, ténacité

Cardinal : vitalité renouvelée, estime de soi

Caribou : capacité d'adaptation, mobilité, forme physique, voyage

Castor : construire des rêves, se fixer des objectifs

Cerf : douceur, innocence, savoir spirituel, rapidité, amour inconditionnel

Chacal : vivacité d'esprit, intelligence, solitude

Chameau : force d'âme, patience, utilisation des ressources

Chardonneret : éveil aux esprits de la nature, attitude positive

Chat : indépendance, magie, mystère, confiance en soi

Chauve-souris : initiation, renaissance, transition

Cheval : exploration, liberté, pouvoir, voyage

Chèvre de montagne : recherche de nouveaux sommets, stabilité

Chèvre : nouvelles entreprises, persévérance, progrès

Chien de prairie : communauté, empressement, productivité, rapidité

Chien : compagnonnage, fidélité, protection

Cigogne : naissance (et renaissance), croissance, communication non verbale

Coccinelle : réjouissance, surprises, confiance, cadeaux inattendus

Cochon : savoir ancestral, intellect, émotions fortes

Colibri : célébration, joie, optimisme, émerveillement

Colombe : bonté, amour, paix, prophétie

Coq : ambition, résurrection, sexualité, vigilance

Corbeau : création, exploration de l'inconnu, introspection, magie, métamorphose

Corneille : loi divine, magie de la création, transformation

Coucou : suivre le courant (non à contre-courant), signe d'un nouveau destin, vivre dans le moment présent

Couguar : réappropriation de son pouvoir, courage, leadership

Coyote : équilibre entre sagesse et folie, dualité, humour, perspicacité, gaieté

Crécerelle : valeurs appropriées

Crevette : reconnaissance, récupération

Cygne : éveil de sa véritable beauté et puissance, grâce, abandon

Dauphin (marsouin) : sagesse ancienne, harmonie, intelligence, joie, énergie vitale, pouvoir de la respiration

Dinde : générosité, récolte, sacrifice, bénédictions partagées

Dinosaure : sagesse ancienne, pouvoir primitif

Dragon : prise de conscience, pouvoir et magie de la terre, protection

Écureuil : activité, cueillette, préparation, économie, confiance

Élan : liberté, endurance, noblesse, force

Éléphant : pouvoir ancien, loyauté, patience, élimination des obstacles, force

Émeu : sentiment d'être ancré, esprit pratique, raison

Escargot : détermination, persévérance, autoprotection

Étoile de mer : expansion, espoir, inspiration

Étourneau : bienséance, dynamique de groupe

Faisant : dissimulation, fertilité familiale, sexualité

Faucon pèlerin : agilité, voyage astral, questionnement, vision, vigilance

Faucon : conscience, surveillance, messages, observation, confiance, pouvoir visionnaire

Flamant : perspective supérieure, maturité, sincérité

Fourmi : diligence, discipline, ordre, patience

Furet : sagacité, gaieté, débrouillardise, résolution des mystères, célérité

Geai bleu : développement des talents créatifs, usage approprié de son pouvoir

Gélinotte : danses et roulements de tambour sacrés

Géocoucou : agilité mentale et physique, vitesse

Girafe : vision à long terme, agir au-delà des normes acceptées, nouveaux horizons

Goéland : persévérance, comportement et communication responsables, flexibilité

Grenouille : purification, guérison émotionnelle, transformation par l'eau et le son

Grillon : chance, expression de soi, chant

Grue : création par la voie de la concentration et la longévité

Guépard : action décisive, précision

Hérisson : limites, auto-préservation

Héron : autodétermination, indépendance, vigilance

Hibou : projection astrale, perspicacité, clairvoyance, magie, vision, sagesse

Hippocampe : androgynie, confiance en soi, paternité, grâce, caractère unique

Hirondelle : perspective favorable, protection et affection envers le foyer

Huard : imagination, rêve lucide, renaissance des anciens espoirs et désirs, sérénité

Hyène : rire, rapidité à atteindre un but

Jaguar : esprits de la forêt, guérison, savoir caché, intégrité, messages, force psychique

Kangourou : surveillance, avancer à grands pas

Koala : clairaudience, à l'aise avec la solitude, prévenance

Lama : habileté à porter un fardeau, capacité de réconforter les autres, expression de ses opinions et préférences

Lamantin : satisfaction, douceur, innocence, amour

Lapin (lièvre) : vigilance, capacité de surmonter la peur, fertilité, habiletés cachées, nouvelle vie

Léopard des neiges : capacité d'affronter ses démons, vision et vitalité renouvelées

Léopard : audace, confiance en soi, pouvoir de choisir, célérité

Lézard : rêver, lâcher prise, perception subtile

Libellule et demoiselle : capacité d'adaptation, illusion, messages mystiques, pouvoir de la lumière

Licorne : connexion avec les êtres de la forêt, magie, amour, pureté, souhaits réalisés

Lion : courage, fierté, force, confiance aux énergies féminines

Loriot : changement positif, relation positive avec la nature, manœuvrer habilement dans toute situation

Loup : surveillance, connaissance, fidélité, éclaireur, rituel, Esprit, enseignant

Loutre : curiosité, joie, gaieté, partage

Luciole : communication, éclairage, partage de soi

Lynx roux : nouvel apprentissage, secrets, silence

Lynx : habileté à être vraiment à l'écoute, instinct, secrets mystiques, silence, solitude

Mainate religieux : surmonter les excès et les émotions bloquées, voir au-delà de l'évidence

Mangouste : intelligence, courage, gaieté, débrouillardise

Mante religieuse : contemplation, focalisation positive, force tranquille

Marmotte : états de conscience modifiés, décisions, solitude

Martinet : agilité et vitesse dans la «grande Quête» (alchimie spirituelle), surmonter l'hésitation

Méduse : souplesse, intention, maintien de l'équilibre

Merle : énergie, nouvelle conscience, compréhension des forces de la nature

Merlebleu : modestie, confiance discrète, joie

Mésange : expression joyeuse et authentique

Mille-pattes : coordination, synchronisation

Moineau : éveil de la dignité et de l'estime de soi, triomphe de la noblesse des gens simples

Moufette : présence, réputation, respect

Mouton : amabilité, à l'aise en groupe, patience, chaleur

Mule : acceptation, humilité

Oie : appel de la quête, inspiration, providence, retour sain et sauf, voyage en des lieux légendaires

Oiseau moqueur : aide psychologique, découverte de son objectif, reconnaissance des habiletés innées

Opossum : sensibilité, stratégie, utilisation des apparences

Orignal : affirmation de soi, estime de soi, spontanéité

Ours : éveil du pouvoir de l'inconscient, équilibre, introspection

Panthère : accueillir l'inconnu, réclamer son vrai pouvoir

Paon : dignité, vision intensifiée, immortalité, fierté, confiance en soi, visualisation, sagesse

Papillon de nuit : perception claire, passage de l'ombre à la lumière, exploration hors du corps

Papillon : joie, mouvement, transformation

Pégase : beauté, immortalité, magie, pouvoir, force surnaturelle

Pélican : ressources cachées, capacité de surmonter les épreuves de la vie, altruisme

Perroquet : communication, diplomatie, pouvoir de la lumière et des couleurs

Perruche : curiosité, hospitalité, conversation enjouée

Phénix : renouvellement, transformation

Phoque et lion de mer : intelligence, curiosité, imagination, intuition, rêve lucide

Pic : dévotion, bon jugement, pouvoir du rythme, protection, sensibilité

Pie : audace, animaux familiers, savoir occulte, usage approprié de l'intelligence

Pieuvre : sagacité, protection au moyen d'une distraction, flexibilité

Pigeon : retour à l'amour et à la sécurité du foyer

Pingouin : projection astrale, vocation familiale, rêve lucide, unité

Pinson : activité, désir, nouvelles expériences, variété

Porc-épic : humilité, innocence, émerveillement renouvelé, confiance

Poule : créativité, pouvoir féminin, fertilité, maternage

Puma : esprit de décision, leadership, pouvoir personnel, force

Rat : débrouillardise, finesse d'esprit, célérité, réussite

Raton-laveur : curiosité, dextérité, déguisement, protection

Renard : camouflage, ruse, discrétion, invisibilité, métamorphose

Requin : capacité d'adaptation, signes, survie, avertissement

Rhinocéros : sagesse ancienne, détermination, accompagnement, puissance

Roitelet : audace, désir d'accomplir de grandes choses, débrouillardise, Esprit

Rouge-gorge : fraîcheur, parentalité, fiabilité, propagation d'une nouvelle croissance

Salamandre : camouflage, perception claire, pouvoir du feu et guérison par le feu, réaction rapide

Sanglier : direction, protection, esprit guerrier

Saumon : inspiration, instinct, persévérance, ressourcement, sagesse

Sauterelle : confiance en sa voix intérieure, étonnants bonds vers l'avant

Scarabée : régénération, résurrection

Scorpion : auto-défense, vérité cinglante

Serpent : mort et renaissance, force vitale, puissance sexuelle, transmutation

Singe : bienveillance, communauté, curiosité, ingéniosité, parentalité

Sittelle : foi inébranlable, sagesse supérieure

Souris : minutie, organisation, examen approfondi

Sturnelle : réflexion joyeuse, voyage agréable, gaieté

Tamia : équilibre entre prudence et confiance, curiosité, respect

Tatou : limites, empathie, protection personnelle

Taupe : improvisation, reconquête, discrétion

Taureau : fertilité, stabilité

Tigre : dévotion, passion, pouvoir, sensualité, leçons inattendues, bravoure

Tortue : Terre Mère, fertilité, guérison, maternité, maternage, protection, éveil des sens (tous, y compris les sens psychiques)

Triton : miracles, pouvoir d'observation

Vache : satisfaction, douceur, maternité, nourriture, abondance

Vautour : mort et renaissance, nouvelle vision, purification, libération

Yack : sagesse ancienne, guérison des raideurs et des engourdissements, compréhension de la mission supérieure

Zèbre : équilibre, individualité, qui ne juge pas

De A à Z, ce sont des animaux que vous pourriez rencontrer — en chair et en os, en esprit ou en image — durant votre passage sur Terre. Si une signification ne résonne pas en vous, écoutez votre instinct. L'animal va sûrement vous fournir le bon message au moyen d'une impression, d'une image mentale ou d'un indice vocal. Un peu comme le personnage du Dr Dolittle, nous pouvons parler aux animaux. Et à leur façon, ils peuvent aussi nous parler.

Si vous voulez simplement connaître l'identité de votre totem principal et interagir avec lui, utilisez la méditation pour rencontrer vos guides spirituels du chapitre précédent. Lorsque vous rencontrez votre totem au milieu du labyrinthe, prêtez attention à ses mouvements et à ce qu'il vous montre. Quand il vous regarde dans les yeux, qu'entendez-vous, quelle odeur sentez-vous ou que ressentez-vous? Vous pourriez rencontrer votre guide spirituel et votre totem en même temps; ils sont bien conscients de qui ils sont dans le monde des esprits. Peu importe ce qui se produit, passez en revue ou notez par écrit vos impressions après la méditation.

Conclusion

Les anges, les gardiens et les guides existent vraiment. Mon expérience et mes communications avec eux ont enrichi ma vie de nombreuses façons. Je vous souhaite la même chose.

À cette fin, j'ai demandé aux anges s'il y avait un message que je devrais vous transmettre dans cette conclusion. Voici ce qu'ils ont dit :

RIEN NI PERSONNE NE PEUT VRAIMENT VOUS FAIRE DU MAL. NOUS SOMMES TOUJOURS À VOS CÔTÉS. NOUS SOMMES VOS AMIS, VOS AIDES ET VOS TENDRES SOUTIENS EN TOUT TEMPS. PERSONNE NE POURRAIT NOUS EMPÊCHER D'ACCOMPLIR NOTRE TÂCHE, PAS MÊME VOUS. VOUS NE POUVEZ RIEN NOUS CACHER ET VOUS NE DEVRIEZ PAS VOULOIR LE FAIRE. VOUS ÊTES AIMÉ. VOILÀ TOUT. AYEZ CONFIANCE. CROYEZ. RAYONNEZ.

Cela me rappelle le sonnet 116 de Shakespeare où il décrit ainsi le véritable amour : «Il est un phare au regard immuable. Fixé sur la tempête et jamais ébranlé!»

C'est le genre d'amour que nos anges, nos gardiens et nos guides ont pour nous. Apprenez à les connaître et vous serez émerveillé et rempli d'humilité par ce que vous vivrez. Ils ajouteront concrètement une nouvelle dimension à votre vie et vous aideront à devenir la personne que vous avez toujours voulu être.

En vous harmonisant à leur amour et à leur sagesse, vous n'allez pas seulement *espérer* recevoir leur aide, vous *saurez* que vous l'avez. Vous deviendrez plus conscient et confiant, et vous serez assuré que l'amour et la sagesse résident en vous.

Annexe

Les anges et les maîtres ascensionnés
associés à des besoins spécifiques

Abondance : archange Zadkiel

Alchimie : archanges Raziel et Uriel, Saint-Germain

Amour, s'ouvrir à l' : archanges Chamuel et Sandalphon, Mère Marie

Ancrage : El Morya

Animaux : archanges Ariel, Chamuel et Raphaël, saint François

Beauté : archange Jophiel

Carrière : archange Chamuel, saint François

Chakras, nettoyage des : archange Michel, Melchisédech

Changements de vie : archange Jérémiel

Changements terrestres : archanges Uriel, Ariel et Chamuel, Melchisédech

Clairvoyance, accroître la : archanges Haniel, Jérémiel, Raphaël et Raziel

Communication claire avec Dieu : archange Sandalphon, Babaji, Jésus, Moïse, Yogananda

Compassion : archange Zadkiel, Mère Marie

Compassion : archanges Jérémiel et Zadkiel, Mère Marie

Confiance et assurance : archange Haniel

Conviction (des croyances) : archange Michel

Coopération des autres : archange Raguel

Courage : archange Michel, Moïse, Saint-Germain

Cristaux, connaissance et utilisation des : Melchisédech

Défendre les innocents : archange Raguel

Dépendances, surmonter les : archanges Cassiel et Raphaël, Babaji, Sérapis Bey

Désintoxication : archange Raphaël, Melchisédech

Deuil, réconfort durant le : archanges Azraël et Cassiel

Direction : archange Michel, Jésus, Saint-Germain

Disputes, résoudre les : archanges Raphaël, Uriel et Zadkiel, Jésus, Sérapis Bey

Dons médiumniques, améliorer les : archanges Haniel et Raziel

Écriture : archanges Gabriel, Métatron et Uriel

Ego, s'élever au-delà de : archange Zadkiel, Bouddha, Jésus, Moïse

Énergie et vitalité : archange Michel

Enfants : archanges Gabriel et Métatron, Jésus, Mère Marie, saint François, sainte Thérèse

Enseignement : archanges Métatron et Michel, Mère Marie

Équilibre : Bouddha, Melchisédech, Yogananda

Esprit de décision : El Morya

Estime de soi : archange Michel

Exercices/forme physique : Sérapis Bey

Feng shui : Melchisédech

Figures d'autorité, composer avec les : Moïse, Saint-Germain

Focalisation : Kuthumi, Saint-Germain

Foi, renforcer la : archange Raphaël, El Morya, Jésus, Moïse

Grâce : archange Haniel, Mère Marie

Guérison : archanges Ariel, Haniel, Raphaël et Zadkiel, Babaji, Jésus, Melchisédech, Mère Marie, saint François, saint Padre Pio, sainte Thérèse, Yogananda

Guérisseurs, guidance pour les : archanges Haniel et Raphaël, Jésus, Melchisédech, saint Padre Pio

Harmonie (en général) : archanges Raguel et Uriel, Sérapis Bey

Harmonie familiale : archange Raguel, Sérapis Bey

Jardinage : sainte Thérèse

Joie : archanges Michel et Sandalphon, Bouddha

Journalisme : archange Gabriel

Justice : archanges Michel et Raguel

Kabbale, étude de la : archange Uriel, Salomon

Leadership : Melchisédech, Moïse

Lune, énergie de la : archange Haniel

Magie divine : archanges Ariel et Raziel, Salomon

Manifestation (des désirs) : archanges Ariel et Raziel, Babaji, Jésus, Melchisédech, Saint-Germain, Salomon

Mathématiques : archange Métatron, Kuthumi, Melchisédech

Méditation : Babaji, Bouddha, Jésus, saint Padre Pio, Yogananda

Mémoire, améliorer la : archange Zadkiel, Kuthumi

Miracles : Babaji, Jésus, Moïse, Mère Marie

Mission de vie, trouver ou se rappeler sa : archanges Chamuel et Michel, Kuthumi, saint François, Saint-Germain

Motivation : archange Michel, Kuthumi, Sérapis Bey

Musique : archanges Gabriel, Jophiel et Sandalphon

Négativité, chasser la : archanges Michel, Raphaël et Zadkiel, Melchisédech, Saint-Germain, Salomon

Objectifs, atteindre les : archanges Cassiel et Chamuel, Saint-Germain

Objets perdus, trouver des : archanges Chamuel et Zadkiel

Organisation/ordre : archanges Métatron et Raguel, Kuthumi

Paix : archange Chamuel, Babaji, Bouddha, Jésus, Kuthumi, Melchisédech, saint François, Sérapis Bey, Yogananda

Pardon : archange Zadkiel, Jésus, saint Padre Pio

Patience : archange Cassiel, Babaji

Persévérance : archange Chamuel, Saint-Germain

Préoccupations environnementales : archanges Ariel et Chamuel, saint François

Prières exaucées : archange Sandalphon, Jésus, Mère Marie

Problèmes mécaniques, résoudre des : archange Michel

Procrastination, surmonter la : archange Michel

Projets artistiques : archanges Gabriel et Jophiel, Sérapis Bey

Prophétie : archange Jérémiel, Sérapis Bey

Protection (de la négativité ou d'une attaque psychique) : archange Michel, El Morya, Melchisédech, Saint-Germain

Protection (des animaux) : archange Ariel

Protection (des voyageurs) : archange Raphaël

Questions juridiques : archange Raguel, El Morya

Recherches/études : archanges Uriel et Zadkiel, Sérapis Bey

Relations, renforcer les : archange Chamuel, Sérapis Bey

Reprise en charge de soi : archange Raguel

Respiration : Babaji

Rêves prémonitoires : archange Jérémiel

Sagesse : Salomon

Savoir ésotérique : archange Raziel, Melchisédech, Saint-Germain, Salomon

Sécurité en avion : sainte Thérèse

Tenue des archives : archanges Métatron et Jérémiel

Thérapie par les couleurs : Melchisédech

Yoga : Babaji, Yogananda

Lectures recommandées

ANDREWS, Ted. *Animal-Speak: The Spiritual and Magical Powers of Creatures Great and Small*, St. Paul, Minesota, éditions Llewellyn, 2001.

_____. *How to Meet and Work with Spirit Guides*, Woodbury, Minnesota, éditions Llewellyn, 2005.

BERCHOLZ, Samuel et Sherab CHÖDZIN. *The Buddha and His Teachings*, Boston, éditions Shambhala, 2002.

BRENNAN, Barbara Ann. *Le pouvoir bénéfique des mains : comment se soigner par les champs énergétiques*, Paris, éditions Tchou, 2011.

BROWNE, Sylvia. Des *anges, des guides et des fantômes* (livre audio), Varennes, Éditions AdA Inc., 2007.

_____. *La vie dans l'Au-delà : Le voyage d'un médium dans l'après-vie*, Varennes, Éditions AdA Inc., 1997.

_____. *Phénomènes : tout ce que vous devez savoir sur le paranormal*, Varennes, Éditions AdA Inc., 2007.

_____. *Psychic Children: Revealing the Intuitive Gifts and Hidden Abilities of Boys and Girls* (livre audio), Minneapolis, Minnesota, éditions High Bridge, 2007.

BUCKLAND, Raymond. *Scottish Witchcraft: the History and Magick of the Picts*, St. Paul, Minnesota, éditions Llewellyn, 1993.

BUDGE, E. A. Wallis. *The Book of the Dead: The Papyrus of Ani, Egyptian Text Transliteration and Translation*, New York, éditions Dover, 1967.

CAMPANELLI, Pauline. *Ancient Ways: Reclaiming Pagan Traditions*, St. Paul, éditions Llewellyn, 1992.

CAMPBELL, Joseph. *Le héros aux mille et un visages*, Escalquens, France, éditions Oxus, 2010.

CHARLES, R. H. *The Book of Enoch the Prophet* (traduction), New York, éditions Weiser Books, 2003.

CHOPRA, Deepak. *The Spontaneous Fulfillment of Desire: Harnessing the Infinite Power of Coincidence*, New York, éditions Three Rivers Press, 2004.

CONWAY, D. J. *Animal Magick: the Art of Recognizing and Working with Familiars* , Woodbury, éditions Llewellyn, 2007.

_____. *La magie celte*, Varennes, Éditions AdA Inc., 2010.

_____. *Guides, gardiens et anges*, Varennes, Éditions AdA Inc., 2010.

DYER, Wayne. *Manifest Your Destiny: the Nine Spiritual Principles for Getting Everything You Want*, New York, éditions Harper Collins, 1997.

EASON, Cassandra. *Angel Magic: a Hands-on Guide to Inviting Divine Help in to Your Everyday Life* , Woodbury, Minnesota, éditions Llewellyn, 2010.

EDWARD, John. *Understanding Your Angels and Meeting Your Guides* (livre audio), Carlsbad, Californie, éditions Hay House, 2003.

FORMAN, Joan. *Haunted Royal Homes*, Londres, éditions Harrap, 1987.

FURLONG, David. *Working with Earth Energies: How to Tap into the Healing Powers of the Natural World*, Londres, éditions Piatkus Books, 2003.

GRAY, John. *Near Eastern Mythology*, New York, éditions Peter Bedrick, 1985.

GUNDARSSON, Kveldulf. *Teutonic Magic: the Magical and Spiritual Practices of the Germanic Peoples*, St. Paul, Minnesota, éditions Llewellyn, 1990.

_____. *Teutonic Religion: Folk Beliefs and Practices of the Northern Tradition*, St. Paul, Minnesota, éditions Llewellyn, 1993.

HARARY, Keith et Pamela WEINTRAUB. *Have an Out-of Body Experience in 30 days: the Free Flight Program*, New York, éditions St. Martin's Press, 1989.

HUNT, Victoria. *Animal Omens*, Woodbury, Minnesota, éditions Llewellyn, 2008.

LYSETTE, Chantel. *Le code des anges*, Varennes, Éditions AdA Inc., 2011.

_____. *Azraël aime le chocolat; Michaël est un farceur*, Varennes, Éditions AdA Inc., 2010.

MAHÉ, Jean-Pierre (directeur du collectif). *Écrits gnostiques : la bibliothèque de Nag Hammadi Library*, Paris, éditions Gallimard, 2007.

McCLAIN, Florence Wagner. *La régression vers les vies antérieures*, Montréal, éditions Octave, 2013.

McCOY, Edain. *Witta: an Irish Pagan Tradition*, St. Paul, Minnesota, éditions Llewellyn, 1993.

MURDOCK, D. M. *Christ in Egypt: the Horus-Jesus Connection*, Seattle, Washington, éditions Stellar House, 2009.

O'NEILL, Kim. *Communicating with your Angels (CD)*, Houston, Texas, éditions Casablanca Productions, 2008.

_____. *Comment communiquer avec vos anges gardiens*, Tournus, France, éditions Alain Labussière.

PAGELS, Elaine. *Beyons Belief: The Secret Gospel of Thomas*, New York, éditions Vintage, 2004.

_____, *L'origine de satan*, Paris, éditions Bayard, 1997.

RAVEN WOLF, Silver. *To Ride a Silver Broomstick: New Generation Witchcraft*, St. Paul, Minnesota, éditions Llewellyn, 1993.

ROBERT, Bruce et Brian MERCER. *Mastering Astral Projection: 90-day Guide to Out-of-Body Experience*, Woodbury, Minnesota, éditions Llewellyn, 2004.

ROSS, Anne. *The Pagan Celts*, Londres, éditions Batsford, 1986.

SAMS, Jamie et David CARSON. *Les cartes médecine : découvrir son animal-totem*, Montréal, éditions Octave, 2010.

SITCHIN, Zecharia. *La 12ᵉ planète*, Saint-Zénon, Québec, éditions Louise Courteau, 2000.

THORSSON, Edred. *Northern Magic: Mysteries of the Norse, Germans and English*, St. Paul, Minnesota, éditions Llewellyn, 1992.

TREPP, Leo. *A History of the Jewish Experience: Eternal Faith, Eternal People*, Springfield, New Jersey, éditions Behrman House, 2000.

VAN PRAAGH, James. *Ces esprits parmi nous : découvrez la vérité sur l'Au-delà*, Québec, éditions Le Dauphin blanc, 2011.

VIRTUE, Doreen. *Les nombres des anges 101*, Varennes, Éditions AdA Inc., 2011.

_____. *La thérapie par les anges : des messages de guérison pour chaque aspect de votre vie*, Varennes, Éditions AdA Inc., 2008.

_____. *Archanges et maîtres ascensionnés*, Varennes, Éditions AdA Inc., 2003.

_____. *Entrez en contact avec ses anges : voir, communiquer et travailler avec le royaume angélique* (livre audio), Varennes, Éditions AdA Inc., 2010.

_____. *La guidance divine : comment dialoguer avec Dieu et vos anges gardiens*, Varennes, Éditions AdA Inc., 2010.

_____. *Fées 101 : introduction à la communication, au travail et à la guérison avec les fées et autres élémentaux*, Varennes, Éditions AdA Inc., 2008.

VON DÄNIKEN, Erich. *Présence des extraterrestres*, Paris, éditions Robert Laffont, 1969.

WALSCH, Neale Donald. *Conversations avec Dieu : un dialogue hors du commun (tome 1)*, Montréal, éditions Ariane, 1994.

_____. *Conversations avec Dieu : un dialogue hors du commun (tome 2)*, Montréal, éditions Ariane, 1997.

_____. *Conversations avec Dieu : un dialogue hors du commun (tome 3)*, Montréal, éditions Ariane, 1999.

_____. *L'amitié avec Dieu*, Montréal, éditions Ariane, 2000.

WEBSTER, Richard. *Communiquer avec l'archange Gabriel*, Varennes, Éditions AdA Inc., 2006.

_____. *Communiquer avec l'archange Michaël pour conseils et protection*, Varennes, Éditions AdA Inc., 2005.

_____. *Communiquer avec l'archange Raphaël pour obtenir guérison et créativité*, Varennes, Éditions AdA Inc., 2007.

_____. *L'encyclopédie des anges*, Varennes, Éditions AdA Inc., 2010.

_ _____. *Prier avec les anges*, Varennes, Éditions AdA Inc., 2009.

WISEMAN, Sara. *Votre enfant médium : comment élever des enfants qui sont doués sur le plan de l'intuition et de la spiritualité*, Varennes, Éditions AdA Inc., 2012.

YOGANANDA, Paramhansa. *Autobiographie d'un yogi*, Paris, éditions Adyar, 2003.

Ressources sur Internet

Aaron Leitch — *kheph777.tripod.com*

The Bible and Anthroposophy — *www.Bibleandanthroposophy.com*

Catholic Online — *www.catholic.org*

Cosmic Harmony : The State of Enlightenment — *www.cosmicharmony.com*

The Curious Dreamer — *www.thecuriousdreamer.com*

Crystalinks : Metaphysics and Science Website — *www.crystalinks.com*

Encyclopedia Britannica — *www.britannica.com*

Geoffreyhodson.com : une ressource ésotérique sur la vie et l'œuvre de Geoffrey Hodson — *www.geoffreyhodson.com*

Hidden Ireland : A guide to Irish fairies — *www.irelandseye.com*

International World History Project — *www.history-world.org*

Internet Sacred Text Archive — *www.sacred-texts.com*

Marypages — *www.marypages.com*

Miracles of the Saints — *www.miraclesofthesaints.com*

themystica.org : Home of the encyclopedias the Mystica and Mythical-Folk — *www.themystica.org*

National Geographic News — *www.nationalgeographic.com*

New World Encyclopedia — *www.newworldencyclopedia.org*

Site Internet de Richard Ebbs — *www.feedback.nildram.co.uk*

Spirit Walk Ministry : A Shamanic Studies Ministry — *www.spiritwalkministry.com*

Theosophy Library Online — *www.theosophy.org*

À propos de l'auteure

Judith Marshall possède un baccalauréat en histoire et une maîtrise en linguistique. Elle a toute sa vie été passionnée par les phénomènes paranormaux. Ses interactions personnelles avec le monde des esprits durant son enfance ont donné lieu à plus de 25 années de recherche et de voyages qui lui ont permis de rencontrer un grand nombre d'individus — tant des néophytes que des médiums professionnels — qui lui ont révélé avoir vécu des expériences semblables. Inspirée par leurs histoires, par des études supplémentaires, par son expérience personnelle et par des révélations médiumniques de ses propres enfants, elle a décidé de prendre sa plume afin de mieux sensibiliser les gens à la conscience au respect de la métaphysique spirituelle.